天下雜誌
觀念領先

委屈是一道隔夜菜

高愛倫 著

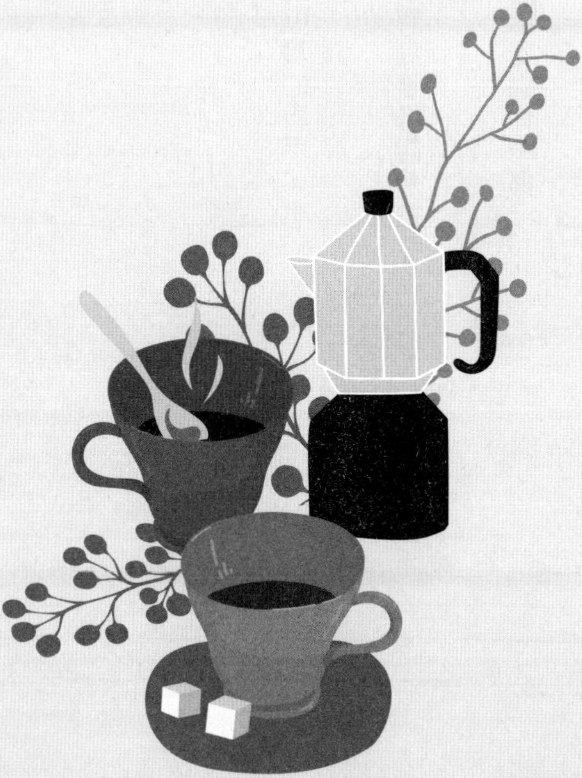

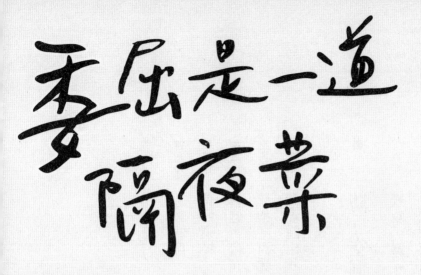

目錄

輯二——

退租委屈

輯三——愛的吟唱詩人

輯四——家庭劇院

輯五——半老朋友

輯六——剛剛好，就很好

特別收錄 隨筆

曾經的痂，已轉化成堅實的盾甲

監製 李烈

跟愛倫結識匆匆竟已數十載。我二十出頭歲，世界剛在眼前展開，每天瞪大眼，只覺萬事萬物都新鮮有趣，目不暇給。她雖大我幾歲，但也是年輕。年輕的她，相較於莽撞的我，已是一派從容。那時的我們從未想過，後來生命會在我們身上，留下如許多的印記。

那個年代，作為一個演員，生活面是非常窄小的。我學校還沒畢業就出來拍戲，有了知名度後，日子裡除了工作還是工作；昔日的同窗好友們，因為生活形態的不同，也逐漸疏遠。到後來，能說得上話的，只剩極少數的媒體朋友，愛倫就是其中之一。

她言詞慧黠，屢見刀鋒，但人又極其溫暖；她下筆精準，用字犀利，卻自有她的分寸。她太清楚手上那枝筆是劍是刀，可以鋤奸，也可以傷人，如何在這中間取得平衡，一直是她的功課，可她又總能拿捏適宜。

我們都能很放心地跟她講所有心事，因為她懂得判斷什麼能寫什麼不能寫。後來有人開玩笑，說：「高愛倫如果哪天走了，大家會發現她是被一肚子的祕密撐死的」。

這句話還真有幾分真實性。她真的知道太多人的祕密了！那時出入她家的，個個星光閃爍，找她訴苦的，聊天的，喝酒的。她總是默默傾聽，然後在你哭得一鼻子時，適時的給一句讓你破涕為笑的註解，讓你帶著笑離開她家。

我就不知道在她家又哭又笑了多少回。

這一切，你永遠都不用擔心有天會在什麼報紙或是雜誌的版面上看到，你甚至於連交代一聲「這個你不要寫喔！」都嫌多餘。因為她重朋友勝過一切，因為她清楚，藝人也是人，也該有屬於他們私領域的喜怒哀樂。

我和她都經歷過人生各自的風雨。長久以來，我們建立起一種屬於我們的朋友關係：平時各忙各的，互不打擾，但只要對方有事，一通電話立即現身。互相取暖，互相為對方擦拭傷口，互相溫柔對待。

這些年，她活得更加自在，那些曾經的痂，轉成她堅實的盾甲。看她書一本一本的出，年輕時的鋒芒化成眼眸中的星子，淚水成為智慧的文字，不禁感嘆：人生真的不會有白走的路，該拿筆的人也終究還是要拿筆啊！

做好選擇

春河劇團藝術總監 郎祖筠

這書名看著就霸氣！

每天睜開眼，就得不停面臨選擇：要立刻跳下床？還是繼續賴著？早餐要吃還是不吃？要吃什麼？穿哪件衣服？配哪雙鞋……

但選擇是存在變數的！不管這變數來自人為、環境，最終的答案取決於情緒感覺。

於是，選擇把委屈變成隔夜菜、選擇割除各種負面毒瘤、選擇坦然、選擇迎風微笑……選擇放過自己……，但真正教會讀者「做好」選擇的是愛倫姐那一身「傲骨」——那一身「我就是要活得好好，好好活著」的傲骨。不客套、不矯情，被她領著直觀自我。

闔上書扉，吐出胸腑一團濁氣，從桌案小鏡中竟看到自己那雙許久不見明亮的雙眸，我知道委屈、不安已成隔夜菜。謝謝愛倫姐。

轉念，自在，在每個時刻獲得能量

演員 謝盈萱

收到愛倫姐新書的推薦邀請，內心驚訝之餘，也感到莫名榮幸，愛倫姐是縱橫媒體與藝能界的大前輩，更是知性的長輩，能得此青睞受寵若驚，謝謝愛倫姐的慧眼看重！

多年來不管是生活或者工作，愛倫姐經歷過、也見證過許多自己與身邊親友、工作夥伴發生的大風大浪，必然有其獨到的見解與處事待人的方式。她熱情的性格，也展現在樂於與人分享對世事的觀察與理解，留意日常生活裡一般人往往錯過的蛛絲馬跡。

在此前愛倫姐已經書寫過多本關於人生閱歷的精彩書籍，身邊親友在職場、家庭或交際中遭遇跌宕起伏的各種故事，都在她的書中化作一個個富有意義的哲理事件，信手捻來就是一篇充滿啟發的慧語小品。

本書集結愛倫姐累積多時的生活觀察、生命體驗，透過她媒體人的靈敏觀察和不賣弄辭藻但充滿圓融智慧的文字，與鄰居的對話、搭一趟公車、朋友們的閒話家常，處處都充滿禪意。

《委屈是一道隔夜菜》看著看著也從中看到愛倫姐走過的歲月，慢慢學得在人生中波瀾不驚的好性格如何修養，轉念及自在的能力如何養成，每個時刻都是學習，每篇文章都是能量。

推薦序——

擁抱，溫暖人的力量

演員 邱澤

委屈是一道隔夜菜，放不下的重複加熱，以求溫飽那些深刻以及過不去的思緒。在人生中經過的點滴滋味，是這道料理的珍貴素材，熬成了一道溫柔的分享。

和高姐的緣分是因為電影《誰先愛上他的》合作，高姐飾演男主角阿傑的母親，兒子因為擔心母親失望，而對於性向的隱瞞。電影的最後，兒子為了自己的另一半，辦了一場告別式舞台劇。謝幕時，母親帶著花來到現場，獻花給自己的兒子。當時的阿傑，對於自己所給出的愛，對於期望這個世界對自己的了解，已經沒有眷戀。

那場戲，沒有台詞。

當高姐拿著花出現在阿傑的面前時，我已熱淚盈眶，那個充滿諒解的溫柔神情，超過千言萬語，我至今難忘。打從心裡的願意理解，那份願意，是撲襲而來的溫暖海浪，而那份理解，是經歷過人生種種的生活閱歷，才有的厚實能量。當時的那個擁抱，深深的救了阿傑，也扎實的接住了我的心。

是這一道隔夜菜裡的配方，醞釀成了能夠擁抱並溫暖別人的力量。這本人生的食譜，像是能夠在迷路時翻閱的指南。是吧，關於生命感受的各個旅程，能夠反覆的加熱，也未嘗不是一種嚮往。

我願說出我的痛，用以安慰你的傷

有錢的朋友對沒錢的朋友說，不要計較錢多錢少，反正一日三餐一張床，想通了日子就不苦；但他不知道人家沒錢是沒到什麼程度，可能需要解決的難題明明就是非錢不可卻又硬是沒錢。

幸福的女人一來是自己真的鮮少瑕疵，二來是運氣實在太好，所以面對不幸的女性，常常處於教育位置，告訴她這樣來，告訴她那樣去，忽略她最大的苦痛是有一個無法應付又脫離不了的對手。

因此，安慰人要理解對方的難，不是站在自己的優勢指出他沒為自己人生做努力，專心傾聽比瞎出點子的幫助大。

至於受苦的朋友，我也要說，發牢騷與抱怨，偶一為之可以，長此以往更傷，怨氣，絕對是面對問題的下下策。

溫馨美滿的原生家庭，讓我一生沒有多餘的陰影，自然身心健康有大量的愛，但是不管何其有耐心，對待太糾葛太灰澀的對象，仍可能因為屢勸不聽，也就知難而退，保持距離。

狀況很好的人，不見得沒有惡夢。

順風順水的日子，可能是懂得疏導洪流。

家和萬事興的存在，往往是親人同心協力克服那本難念的經。

痛過的人，格外懂得正在疼的感應指數。

我遇到的痛，都是平地一聲雷。不過，父親臥榻九年未醒的往事已矣，只談近時的七年之恙。

心都碎了

姊姊的兒子，我也叫兒子，洪群倫。

二〇一四年，姊姊突然告訴我兒子和媳婦要去倫敦遊學，因為一切行程日期都已排定，我，不必再有任何意見，但聽到媳婦已有身孕，基於關心仍忍不住問：「是準備移民嗎？」「是要拿英國國籍嗎？」「是為了在職業上取得更好的進修證明嗎？」以上皆否，就是兩個人辭去保險公司與酒商公司的現職，由爸爸經費贊助他們「單純遊學」，兩年修完學分就回來。

二〇一五年，年輕小爸媽兒子出生的第一時間，他們立刻傳送相片報喜，全家歡欣鼓舞；名字早已命好，洪家棟，綽號紅咚咚，小名東東。

十二小時後，喜事變天。

嬰兒心臟血液未能順利流入腎臟，立刻緊急手術搶救，但是仍然造成腎臟嚴重傷害，導致的結果就是：出生不到二十四小時的嬰兒，開始每天八小時的腹膜透析，持續近七年。

姊姊夫妻跑去接頭醫療包機，三百萬，但是倫敦方面分析嬰兒的狀況不可能搭乘飛機，即使醫療機有完整的設備，也沒有辦法在飛行途中承擔小病人的任何變化。

醫院，東東一住就是半年。

這期間，東東時出危急狀況，本當美麗的嬰兒相片，就沒有一張不是布滿不同功能的點滴管子，看了不是心疼，是真的心碎。媳婦在視訊那頭哭，奶奶在視訊這頭掉眼淚，瑋瑋、璇璇兩個未見面的姑姑，也聽著視訊紅著眼睛、泛著淚光。

我一向扮演家裡的「惡人」，但也是鼓足勇氣，才敢說這該說或不該說的話：「如果機會不大，別讓孫子受苦，必須的時候，就放棄吧！」

結果兒子說：「只要東東有一口氣，絕不放棄。」

好的，因這一句話，全家人從此團結萬里長征。

七歲東東的委屈

六個月住院期結束，倫敦的醫院派護理人員觀察居家環境、訓練全套護理工作，嬰兒每天要量血壓，尿布要秤重以確定飲水進出量夠安全，指導腹膜機如何更新使用藥水。

期間承蒙好友林文華在英國就學的兒子黃飛閎，專程跑去探望身陷苦海的洪群倫、郭佑鈞。全家人附上謝意。

姊夫請託教授朋友與台大兒童科醫生接頭，和倫敦醫院以 email 接收完整病歷，並經常性的交換專業意見。所以，東東雖然是倫敦醫院的病人，台大小兒科已經對東東所有狀況瞭若指掌。

二〇一六年，東東安全落地桃園，救護車直接從機場接了洪群倫一家人到台大醫院。我們全家人到病房守候，愛的眼淚透露著我們是如此如此歡迎這個小傢伙。

小東東，出生第一天就苦難不斷，不到七歲，住院加總時間至少有五百天以上，我們常常心疼不已的承認：做為大人，大概也沒有誰能這般神勇地闖過一關又一關。連熟悉這個經常報到小病號的各科醫生，也時有不可思議的問號：這孩子所有指數都這麼不漂亮，可為什麼始終這麼生龍活虎？不到絕對嚴重的不舒服，這孩子是不會哭鬧的。

二〇二二年五月併發症同時多起襲擊，因為疫情，只能由爸媽輪流照顧，疲倦不堪；奶奶不可隨時探望，牽腸掛肚；小表哥表姊玩伴禁足，彼此想念；這時，每開一次視訊，東東就會對著鏡頭哭上半分鐘，他的奶奶，也就是我的姊姊說：「好委屈的樣子，從來沒這麼委屈過。」他的委屈是多麼容易讓人看懂，而他自己又是多麼容易擺脫讓自己不適的泥漿。

說來奇怪，我內心從來沒有對「委屈」這兩個字，有這麼強烈的震撼感受。一個七歲兒的情緒委屈，讓我聯想到成人世界的委屈。

誰都有煩惱

在將近七年的過程裡，洪家棟的父母爺奶都展示了親情的無怨無悔，而洪家棟離奇的聰明，愛搞笑的個性，常常把我們耍得樂不可支，這個孩子在這個家庭幾乎沒有受過任何責罵，當然，小媽媽郭佑鈞在親子教育上的成績，全家讚嘆折服。

所有的和樂，背後都有傷風過敏的故事。我們給東東最富足的愛，顯得毫不吃力，但是我們卻未必能對成年的自己、成年的親人，產生互好的判斷、建立互助的共識、接受互信的安排。

在這個事件裡，我是家人的外人，他們各自的付出，放諸四海，皆可令人動容，但是我要講的是，人生的問題，真的不都是天意，有太多的人意，在淡化別人的美意。

照顧小病童，誰不盡心盡力？從單一角度來看，媽媽、爸爸、奶奶、爺爺，都配博得偉大二字。但是，雖然大家都是在愛同一個孩子，並以這個孩子為生活焦點，周圍，還是會發生一念之間的不以為然。

不忍東東受苦，二〇二二年十一月十八日，小媽媽在台大醫院移植腎臟成功；期間最大的不安，是他們母子的兩星期住院期間，我們全家人不允進入病房就近陪伴與照顧，只能聘請護理站安排有執照的看護協助一切，這是七年來洪家對媳婦僅有的未盡之責，謹此致歉。

姊姊常對我說「我們家的事，不是妳的責任」，但是僅僅手足之愛就會讓我全心投入、全財投入，這是我「自尋」的、「甘願」的，沒有誰虧欠我。

倫理、財務、住宅、生活開支、醫療費用，長輩傾力安頓所有現實面的需求，盡一切能力去杜絕多餘的情緒翻攪。

因我家之不幸，一個朋友代我向另一個已極發達的朋友試探二十年前我資助的鉅額金貸，沒想到對方居然認帳，並確實做到分批歸還，雖說這是得回當得，仍衷心謝謝這樣的意外恩典。

敞開衣襟，他全身上下縫合的傷口宛如各種款式的拉鍊，洪家棟的強韌開朗，真的在榮耀生命，他是我們家極痛極愛的小勇士。

二〇二三年農曆春節，郭佑鈞、洪家棟母子均安，進入穩定康復階段，小媽媽憂鬱症狀獲得改善，在春節期間不但有很多笑容，還和小爸爸洪群倫浪漫指數飆升，洪家棟則是唱跳歌手，快樂的又蹦又跳，加上餐飲終可正常，比一般同齡個子矮小的他突然竄高很多。

這本書，獻給我的家人，希望東東帶給我們最好的人生啟示，同時，我以自家之例，帶著祝福告訴正在閱讀此書的讀者們：沒有人會沒有煩惱的，請戰起來，請站起來，有人助你，謝謝他，沒人助你，自己扛。

輯一——防・空洞

不上癮，才能確立不受任何狀況控制的獨立。

無欲則剛，確有其事。

自己若能「防」「空洞」，就，不怕摔跤躲警報。

戒癮，歸零，才是一種贏

五十最怕閒的慌，六十更怕眼淚淌，想奔七十要健康，老來自在即是狂。

在日常例行中，得宜控制使力不吃力的動靜節奏，是壯闊族規範自己生活的必要能力。

如果星期一到星期日，都陷在重複又重複的吃喝玩樂裡，就算經濟厚實衣食無虞，這樣的車水馬龍與送往迎來，會不會帶來精神上癮症？

凡事成癮，必有遺害。

繁華若無度，浮誇必相隨；膚淺本無罪，獨怕強攀附。

行事曆排滿密密麻麻的約會，如果帶來的結果是：只要曲終人散，就很容易浮現空虛與疲憊的情緒，那麼，小心，這就是「上癮」症候群的徵兆。

上癮的執著會造成性靈的不自由，過度聚焦在慣性事物上，就是作繭自縛，就容易對環境的改變產生莫大空虛感。

我對自己「容易上癮」的個性有很強的自覺，所以，幾十年來，我對所有人事物都會維持週期性的戒癮隔離，以期建立心理上的「防」「空洞」。越趨年高，越確定戒癮是硬道理，**唯有不上癮，才能確立不受任何狀況控制的獨立**。無欲則剛，確有其事。

海海人生，各有重癮。

自己若能「防」「空洞」，就，不怕捽跤躲警報。

你我他，大家的困難都大同小異的。我們可以一起來溫習功課。

把忘記放在原諒的前面

和解與原諒是兩大工程，有時，真的做不到，有時，好像做到了，但其實是流於口說的瀟灑與社交場合的表面文章。

哲人思維多半註解：唯有和解與原諒，才能忘卻傷痛。

沉溺在苦痛中的上癮者，為了要找出各個可以原諒的理由來釋放自己，往往用力過度卻仍力有不逮，結果是越想努力釋懷，越難逃脫內心的糾纏。

原諒，需要理由；但是好不容易找到理由之後，又很容易被自己推翻。

忘記，只要方法；主動去發掘新的關注事物，從別的取代關係中，很快就把自己的不適代謝掉。

理由難找，方法較多，綜觀事例，過高的陳義，實在是在刁難受折磨的人違反人性，「強調放下」的回音更像四面楚歌，倍加讓人放不下。

不想原諒就不原諒，那不會是一種錯。

不願和解就不和解，那也不是欠缺風度。

忘記，就是在既不原諒又不和解的關係裡，只專研自己的解藥配方，無視對手或冤家的點點滴滴。

請忘記別人讓你不舒服的事，只要牢牢記得讓自己舒服的選擇。

對於厭惡卻忘不掉的人事物，至少要做到不聽不看、不問不理的全面封鎖，雖然他還在你的周圍竄動，但是走過經過絕對放過。他來，風不會飄一下，他走，心不會動一下，眼前的活人，讓你眼睛眨都不眨，就把他透明了，就把他人間蒸發了。

戒掉不優的習慣

關於習慣，「覺得可以戒掉」和「真的做到戒掉」有很大的距離。

生活裡最普遍的上癮症就是：時時刻刻滑手機、早早晚晚貼臉書、尾隨新聞留酸言、群組較勁拚藍綠、沒日沒夜追長劇、喋喋不休搶鋒頭……。

這些習慣，適量，也算是加值互動活力，過量，就有點漠視與荒蕪時間的價值了。

我朋友說他最不喜歡的國民習慣有三，因為只有走在馬路上才可以看到所有的人，所以這三個習慣都展現在馬路邊上。

一是：路上行人，九成以上在看手機。

二是：怎麼每一張臉孔都面無表情。

三是，他更不理解地說：只要是百貨公司周年慶、新款手機問世、網美打卡餐廳，不分時段總是大排長龍。

手機不閒，算不算是壞習慣？每個人事業都做這麼大喔？過馬路不危險嗎？出車禍，算誰的責任？

面無表情，算不算是壞習慣？這是因為我們痛苦指數太高？還是沒有快樂指數？也許大家覺得：沒表情比較安全？

經朋友提醒，我也覺得第一、第二點的確是不討喜的文化；但對第三點國民文化「不分時段」的大排長龍，我的問號最多，不上班上學去排隊，是哪一種等級的富裕？

大家都愛說：什麼都沒有，就是時間多；從生命到國運，我們真的還有很多時間嗎？

生命，並不能時時賦予重大意義，但是，生活的樣貌還是要均衡多元，不堅持一成不變、不著迷五光十色，我們還有沒有能力把人設或人文，盤點升級呢？

歸零才是最高分

融入話題要懂得聆聽，遇到分歧意見大可從容溫和。開發話題要辨識場合，不要以為自己見多識廣就是唯一的真知灼見。**歸零，是最大的自信、最強的氣度、最高的睿智**。

除非是在場的人端椅奉茶、萬般期待，否則，不管自己曾經是誰？現在是誰？未來可能是誰？都無須把「我」當主題。

一個總是伺機把自己推到焦點中心的人，無異就是自戀上癮、自大上癮、自我表彰上癮，但是這個背面的深層可能，卻是泰半源於「擔心自己不被看見」、「害怕淪為邊緣人」、「沒有聲音就是弱化重要性」、「不甘埋沒」……。

他人說話，不時打斷。
他人立論，為駁而駁。
他人互言，強行介入。
他人光彩，蓄意噴漆。
這些行為，不是習慣，是上癮症，上癮症有較刻意的心理動機，甚至也可歸類為是明顯性格瑕疵。
當一個人懂得也擅長把自己歸零的時候，大概就是最容易得分的時候。
安於平凡，是一種狀態，是一種期待，但是真的能「安於」平凡，就是一種賞賜，更是一種恩典。

降低社會化

社交密度越高，社會化程度就越高，社會化程度越高，攀比攀緣的情緒也越甩不掉；這個結果造成內心小劇場的不安分。

優秀的創意人、藝術家、作家、思想家、設計師……，多數都會減低自己社會化的程度，有的是天性如此，有的是蓄意精修平靜，讓自己的思考空間不受干擾與限制，以利在誠意卻不刻意的追求中，認識精神獨立就是孕育精闢見解的基礎訓練。

在電子產品改變社交互動的同時，熱衷社交場合的依然熱衷，這些都是心因性的需求，並非人在江湖的無可奈何。

絕對的「絕世宅」與絕對的「入世纏」，都是不易扭轉的上癮，這兩種人，一種是走不出去，一種是停不下來，各有各的孤寂感。

自主性的降低社會化，絕不會導致落寞，可是慣於社會化的人，卻會惶恐被別人雲淡風輕的看待，越入老年，越有難以克服的悵然感傷。

有沒有上癮症的最簡單檢驗方法就是倒行逆施，諸如：你能輕易調整最喜歡的活動內容？你願意嘗試一向拒絕的生活選項？

不要上癮，人過中年尤其不要上癮；上癮一旦進入活動力轉弱的歲數，格外容易誇大人世寒涼的感觸，誤會自己不再重要而失魂落魄，但真相是，

從來不把自己看的太重要，才是最重要的心態。

沒有上癮症，就沒有屆老的心境蒼涼。主動修改自己在社交關係裡的曝光率，是人過中年後尤其重要的轉舵任務。

別把我套入悲情角色！

如果有人讓你悔不當初？你該退到遠處，活出個讓他悔不當初的容光煥發。

因為別人，你陷入悲情角色？就算他不是永續存在，你還是難以翻轉自己的後續人生？

你該怕的，不是那個讓你心碎滿地的人，你該怕的，是把悲情當作天賦基因的自己。

「你敢把我套入悲情角色，我就讓你活的悔不當初」和「你敢把我套入悲情角色，我就活的讓你悔不當初」，請好好咀嚼這兩句話，兩造境界是大不相同的。

讓他活的悔不當初，意味是以他的結局、他的盛衰，來註解分別後的自己是成是敗、是好是壞。在鑑定自己得失的過程裡，你受的傷，其實還是要透過讓對方後悔或遺憾的報復感，才能得到滿足。

從一開始你就應該自豪地告訴自己：對壞感情、壞伴侶，只要能離開，就是勝利。

所以，要怎麼活好自己，才是你的重要前提與主題。

活好自己不是為了讓他活不好，但是從人性的角度來看，能暗自竊喜那個傷害你的人，一旦能有一點後悔、懊惱、羨慕、渴望你，別假裝沒感覺，這種種的耳邊流言終究是劫後餘生的小小補償。如果自己和朋友確實能把往事當個笑話來調侃，恭喜你，你已經痊癒了，你曾經吃過的苦頭也的確已經只是人家的事而已。

和平分手，才是幸福快樂的童話

我的女朋友當中，有一位一輩子在台北工作生活的都會女子，三十歲那年，她遇到情投意合的外縣市男子，然後，他們有了共同房子，她每個星期坐夜車到東部過兩人世界，然後在星期一清晨坐第一班車回到台北上班。

快快樂樂幾年之後，她開朗的面容開始蒙灰，雖然什麼都不說，但是我知道美麗時光已經夕陽西下，有一次她很簡短跟我和另一位朋友訴說：「他怪怪的，可是我又說不出哪裡怪。」

那年最流行的男女笑話是「我們只是一張棉被一夜話的純友誼」，而我的女朋友就是用這個風頭故事認真問我們：「我和他還要不要走下去？」要不要走下去是當事人的決定，我們做朋友的，並不需要有太強烈的時事分析，只是對於「蓋棉被純聊天」這種鬼話，我充滿小人之心，建議她用這個天方夜譚來找自己在乎的答案。

後來，她恢復了單身，生活一如往常，保持每週回東部兩天，這期間，爛醉過一次，然後，周圍同事沒有誰知道她失戀了。

事隔十多年，我突然脫口一問：「你們沒再見過？」

「沒。這麼個小鎮只有這麼小的路，居然也從沒碰到過，真是緣盡情了的非常徹底。」

「那時，兩人都沒試著挽回？」

「也許有吧！他說要把媽媽接來一起住，這樣，我在台北上班的幾天，他可以用照顧媽媽的理由不外出，和對方的約會自然會斷掉……。」

「那也努力過，誠意夠。」

「愛情不是靠管束來守身如玉的。」她笑了：**「只有為我停留才是眞正的停留。」**

是的，用一個問題解決一個問題，或用一個問題取代一個問題，到後來，還是會暴露原始的問題，只是，也許我們永遠不會真切明白問題的原貌究竟是什麼？

她說，或她覺得，個性差異是感情分歧的關鍵，她隨便舉個例子：「我的前任喜歡釣魚，我盡一切可能排除障礙，帶著指甲油陪他去釣魚。」

他上魚餌的時候，她就開始擦紅抹綠，不管彼此表現的多麼願意陪伴，但是，他釣到魚的喜樂，在她面前沒有分享的快感，她精挑細選的嫣紅紫綠，在他嘴裡得不到一點讚賞。

比起愛到海枯石爛，能夠和平分手，才更是感情世界裡的童話。

不戀棧不戀戰的人，較容易從愛情烽火裡起死回生或浴火重生。只要遇到了見異思遷，既不需要證明，也不必追究答案，就該在心中自有定見。因為，你懂得他愛過你的樣子，也該毫不自欺的明白他不再愛你的樣子，不管自己的感情濃度有多深多厚？每一個新的真相，都該讓自己有勇氣承擔新的選擇。

退讓，有時是最好的活路。

我不要你，我最大；如果你再來欺負我，我保證不會揮棒落空。

沒有正確答案的聚散離合

她們本是莫逆手帕交，不但天天見面還天天想念，鉅細靡遺分享生活裡的點點滴滴，什麼話題都說不完，什麼用語都能心領神會笑成一團，但是有一天，突然開始莫名其妙的應對：一個對另一個總是言語含酸，冷嘲熱諷，最後她嫌她臭美，她挑剔她的待人處事。這段深厚的友情最後無疾而終。

有一天被「甩」的這位女生隨意提到對方名字，我多言一問：「找到不歡而散的原因嗎？」

「沒有。我難過一陣子之後，就風平浪靜。」

「都不會想知道為什麼？」

「一點都不會。」

喔！特別註明：她們絕非同志情，連一絲曖昧也沒有，女生和女生之間、女人和女人之間，就是很容易有深刻的相知相惜，女人雖懂別亂想，男人不懂別亂猜。

人生的所有聚散離合，都沒有眞正的答案，因爲每個人都是根據自己梳理的答案做出選擇，對方究竟爲何如此已不重要。友情是很純粹的，不舒服就會結束。

別讓誤會造成損失

不同這個女生，我比較在意不讓人誤會，有一次，約她次日來家裡拿東西，因為她隨後有約，我基於體貼說：「妳不要上樓，免得心神不寧坐立難安，到中庭時發訊息給我，我把東西拿下樓就好。」

當時她在看電影，沒回訊，之後寫給我：「妳今天情緒不好嗎？怎麼怒氣沖沖的？我上樓拿東西上個廁所總可以吧！什麼叫心神不寧？」

因為她把我心神不寧四個字的形容詞解釋為我是「怒氣沖沖」，於是我花時間告訴她：「中庭停車不得超過五分鐘，如要長時間我就要安排車位並到車位接妳，我的用意是讓妳方便下一個約會……」呼！我怎麼這麼倒楣，需要向她做這麼多說明。最後的結果，她上了樓、上了廁所、聊了兩小時廢話……。

重提此事，我跟她說，**我在乎每個朋友，也放得掉任何牽掛，但是我不願意因爲誤會造成失去誰的損失。**

對待友情尚且如此，對待愛情親情，更是不到黃河心不死。

為了表達極致的在乎，有時，我們得不厭其煩，有時，我們得小題大作，但是**如果有人願意花時間來緩緩你的不解，你卻非要做彆扭的釘子戶，那就是自己因小失大，自己弄巧成拙，自己堅持站在高處忘了腳下的樓梯。**

不允許別人把你套入悲情是好志氣，其實，他人的悔不當初只是你的過眼雲煙，重要的是，自己能否避免當時那個悔不當初的選擇。

所有爭氣，都是爲了讓自己好過

所有爭氣都不是為了給別人好看。
所有爭氣都是為了讓自己好過。
聽演講上心靈課程是進修。
大量閱讀是進修。
遊山玩水是進修。
吃喝玩樂也是進修。
職場競爭，翻滾受罪，還是進修。
人生不如意，摔跤沒人理，更是進修。
所有的參與，從光芒四射的人人叫好，到游手好閒的四處晃蕩，只要用心，都會有得。
周邊發生的一切，就像是廚架上的調味料，我們自己是廚師，選配料，做組合；如果搭配合宜，清水變雞湯，如果不懂提升效果，白白糟蹋好料。生活就是把現成資源運用得當。

女孩失戀了。
我問：難過嗎？
她說：是傷心。
我再問：怎麼走過來的？
她大笑說：突然覺得他根本配不上我。
好樣的，就是要這樣看待自己，而更重要的是完全心平氣和，沒有任何餘氣殘存。

女人離婚了。
當初我就知道這是遲早的事。
剛開始我是不期而遇她獨自進餐，就坐下來跟她敘敘。
後來，經常遇到她一個人，理由是剛加班完，乾脆吃了飯再回去。
有丈夫，有女兒，有家庭，有公婆，經常加班，經常一個人獨食，和我聊天的時候，話題清清幽幽，絕口不提家裡人，但是看得出來，她滿溢成年人的孤寂感。

一家之中，男人經常加班已經夠奇怪，女人加班密度這麼高就更稀奇。她加班不是另有隱情、另有新歡，她的加班在我看來，就只是編織不想回家的理由罷了。我深深相信，「不想回家」就是家庭危機，就是醞釀情節，就是布局劇終。

果然，後來在一個熱鬧餐廳遇到她，她跑來跟我打招呼，那樣的雀躍，那樣的開朗，明顯的沒有了孤寂感，我正慶幸她日子有改善，她卻主動告訴我：「我離婚了，退休了，搬到郊區了，跟朋友做很小很小的生意。」

哦？離婚了？那還是值得慶幸的；尤其妳不是靠出軌來尋求快樂。

她實在一百分。

確定婚姻已敗給大陸年輕女子，且喚不回丈夫，她就必須退而求其次的保障自己和幼子的未來，明查暗訪很多可以在法律上呈堂供證的背景資料後，她接受離婚，亦父亦母帶著兒子長大。

我們以為她沒有因為遭棄而哭過，其實她哭得厲害，背著人，在獨處的暗夜。

她很強很強，這個強項，也是每個女子都該試著學習的。

當任何悲劇透過她的舌尖，就變成了一個搞笑劇，她擺出的架式是：別安慰我，別同情我，我的人生不演悲情戲。

摯愛成陌生，婚姻水無痕，這個經歷，讓她在年輕的此刻，已超前布署所有未來，跟二十多歲的兒子談得一清二白。

如果遇到意外，如何選擇進退？

如果遇到長期醫療，承受的底線在哪？

如果遇到再婚，嗯！母子都要謹守安全範圍與和諧尺度。

是的，她沒有拒絕戀愛，也沒有畏懼婚姻，人生本來就是披荊斬棘，見招接招。

絕不悲情的對面，站著一個過度獨立與堅強的女子，男性氣弱是追不起扛不起的；每一個在重挫中長大的人，都會有自強機制，只有懂得的男人才能匹配。

感情一向是難題，但是成敗取決，總是有較大的自主性；職場上的辛苦，反而比較仰人鼻息，大欺小、強壓弱、黑掩白、虛勝實、偽貶真……，跌跌撞撞都是日常。

正義的代價

日前二看二〇一九年好萊塢電影《重磅腥聞》，我喜歡的妮可基嫚、莎莉賽隆分飾當紅與落難主播，但是在職場上，她們先後遭遇到執行長的騷擾，這是媒體大亨梅鐸事業之一福斯電視新聞台的真人實事，在國際新聞版面上盤旋很長時間。

在職場上，我處理過部門同事的騷擾事件，結果很意外，搞得我反而像一個搬弄造謠的昏庸主管。

事情的發生，是一兩個同事分別告訴我，那個男生每天針對那個女生講有騷擾性的黃色笑話。我最初的態度是：黃色笑話算不算騷擾，有界定的困難，加上當事人沒有主動舉發，我也不能立即處置，但我承諾仔細觀察。

我雖承諾仔細觀察，卻是錯誤的、不切實際的，因為沒有人會在一級主管面前犯錯或搞怪。以致有的時候，我們不得不根據流言、耳語，走進不公不義的漩渦，試著讓一切水落石出，回歸正路。

她被黃色笑話嚇到不敢上班，在她請假多日後，我覺得事態嚴重，召開相關部門臨時會。因為我沒有證據，我也不能直指是誰犯案，只能語氣誠懇的表達態度：「男生不要欺負女生，男生不要對女生私下說情色話題，在我的部門，我不希望發生任何騷擾事件。如果有真實案例遭告發，我一定不會姑息，也一定會嚴厲懲處。」

我如此保守的聲明，沒有得到受騷擾者與告發者兩方的反應，倒是騷擾者的鐵桿相當仗義，舉手發言解釋，認為我是聽信辦公室讒言，影響我對同事人品的信任。這樣堅定的發言，其實很可能是他們聽出所指何人，本來我覺得這樣心照不宣大家警惕一下就很夠了，沒想到是我自己直接被打臉。

事前知情而參加聽證的另一位一級主管，一起步出會議室時氣得跟我說：「我們在搞什麼？照顧受欺負的，還讓自己抹一臉灰？」不奇怪，正義本來就是要付出代價的。

關於受欺負的轉述，有時是明顯事實，有時是感覺使然，如果不在「案發現場」卻要代為伸張正義，是會有風險的。這個事件，我雖處理的讓自己顏面無光，但是至少讓女生在工作的空間裡可以免於恐懼，仍是值得的。

在情場上遇到困難，馬上就有朋友選邊站。

在職場上遇到困難，大家心知肚明卻不一定勇於馳援。

逆來順受是大家都會遭遇的過程，忍一忍，就是布局，等一等，就能翻轉，不欺人不害人，也不畏事不畏人，**沒有人永遠都是壞運氣，不順的時候，要有耐性，只要暫時做好自己可以掌控的部分就很棒了。**

活好當下是境界，活好當日是瀟灑。

自導自演的練習

朋友送我一盞「網紅燈」，我笑了，直播火候不足的時候，打了燈就紅了嗎？是這意思嗎？哈哈！當然不是！

我會想到網紅燈的關聯是這樣的：有一天，手機突然跳出一個陌生人的名字，她告訴我，她是郎祖筠後援會的成員，因為郎姐要過生日了，她們根據自己的認識，邀幾個好朋友錄一分鐘短片祝郎姐生日快樂。

哇！真是貼心的粉絲！雖然我不認識，我也照做了。

除了聚會時幫大家照相，我自己絕少有個人照或視頻，為了跟阿郎說生日快樂，先生第一次主動把燈挪到適當位置說：我們來試試這個燈。

果真，手機架在燈上，穩定度和亮度真的讓畫質較優。

最近，我相當喜歡看短影音。短影音有很多適合瞬間吸收的常識，而且充滿感性與理性的趣味，長度總在一分鐘至三分鐘，透過獨白、字幕、劇情、分解圖，就可以把一個主題表達的很吸睛。

看過各種型態的短影音之後，開始覺得許多觀點與套路會重複，但我還是把這個娛樂當作完全沒有負擔的進修課程，因為，幾乎每一分鐘的靜心體會，都讓我握住點醒人生的力道。

「很會說話」只是一種技能，有時會失之言不由衷，在有些解讀裡並不是絕對正面的評價。

「擅長表達」則是聚焦彼此的溝通脈絡，目的是潤滑雙方的理解程度，對每一個層面的應對，都會帶出喜厭的情緒、演變出成敗的作用，真的格外重要。

所以，擅長表達重於很會說話，但是擅長表達往往來自很會說話。這兩個強項如果合而為一，就像在人際關係或家庭關係裡灑下奇花異果的種子，綻放出來的多半就是喜悅。

訓練說話的內涵與表達的方式，在越宅的世代，越顯得重要。把快樂和有趣融入學習領域，就不容易氣餒，就容易進步。

語言殺伐或語調冰冷，是家庭成員相互傷害的基本型態，一種是激烈強勢，一種是冷漠蔑視，對受傷的心而言，兩種態度都夠狠，都讓人想逃。

用溫婉的話解凍冰牆，對很多人而言：「我願意，我也想這樣，但是，我就是說不出口。」

如果是好話，如果是對話，那就試著把說不出口的話，訓練到可以說出口吧！

你知道自己說話的模樣嗎？

怎麼訓練？首先，鎖定幾個短影音裡特別喜歡的心靈導師，也許他們的主題最能打動你，也許他們的主題最吻合你正需要得到啟發的答案。你可以重複聆聽，吸收他的語法與論點，到有一定熟悉度之後，你就從模仿開始，拍攝自己記得的片段，或自己再改編過的口語內容。

在這樣的訓練裡，你會學到說話有條理，舉證有道理，甚至，你會清楚自己說話時的慣用神情，是自信嗎？是咄咄逼人嗎？是在溝通表達，還是在蠻橫訓示？

夫妻在口角戰爭中，有一方會對另一方說：你看看自己說話的嘴臉，錄下來給你看，可以嚇死你自己。

看到影片上的自己，你心裡有數：自己的尊容能不能對溝通產生助力？

溝通，不只是說話而已，「一整個人」的表情手勢都在輔助溝通或削弱溝通。

透過心靈老師影片的自我訓練口語之後，你可以開始自訂作業，不管是自視網紅還是模擬老師，錄一段不超過兩分鐘的影片，一次一個主事件，問題精簡，答案精確。

錄下短影音給溝通者，看起來是自說自話，其實是用心良苦：

一、確定需要溝通的事件主題。

二、表達過程不會受到插話干擾。

三、可以拉升善意態度。

四、加強卸除攻擊言語的自制力。

五、話沒說對，可以重新來過。

人在火氣大的時候，我曾經相當鼓勵用書寫來溝通，認為這樣比較冷靜，話也說的清楚。後來發現，文字駕馭實在也需要訓練，而且跳躍式的對話，容易造成銜接時差，反而可能掀起更多誤會，就算發現不當立即收回，太多的收回紀錄也一樣會徒惹疑竇。

也許，將自己要說的話錄音錄影存檔，是一個溝通之餘，也能有效反省的方法。我們甚至可以一人二角，做反正兩方的角色，完備模擬問與答所可能帶動的情緒。

練習演出最好的自己

Amy嫁了一個好脾氣的美國丈夫安德森，他們同一個公司，Amy在工作上大發雷霆時，安德森說寫下來，因為要用英文書寫，因為要經過翻譯情緒，Amy的速度放慢了，好不容易寫完了要發email罵人，安德森制止說：明天再發。

到了明天，Amy看了看email內容，覺得縱然得理，也可饒人，就把電子信刪除了。

安德森喜歡台灣，為了妻子定居台灣後，到師大學中文，太太說，好可憐，兩年了，還在學「奶茶，一杯，半糖，去冰」。

可能是因為使用的母語文字不同，這一段異國婚姻，是我所有朋友當中用語音對話最頻繁的一對。從他們感情稠密度來看，這樣的溝通工具對他們是非常適合的。我也因而多想，如果在爭執或不溫暖的關係中，需要透過改變方式來改善應對模式時，借用語音會不會好過文字？借用影像又會不會好過語音？

總之，對所有不理想卻又不願意放棄的人，我們是不是該一直試行任何可能的轉變？

在表演生涯裡，不管唱歌跳舞演戲，總是有一面大鏡子在面前，要表演者糾正或選擇最好的表達方式。我們不是藝人，但是由他們的職業生態取樣，我們是不是也可以學習到如何演繹自己最好的樣貌？

我知道開始很難，但是面對日益冰冷的婚姻、日益僵化的關係，你不覺得運用短影音訓練學習說出關心的話、體貼的話是必須的嗎？如果你就是說不出口，你也不願意學著說出口，等著吧，有人，因為什麼都敢做直接殺了婚姻，也有人，因為什麼都不做而間接毀了婚姻。

每一幕都不廢的人生「長受劇」

我們常常談到珍惜，我們常常談到無常，但是，面對珍惜，我們失之於心不在焉，面對無常，我們除了喟嘆又實在無能為力。

情濃情淡是時間與距離研磨出來的新口味，但是我們總誤以為：發生什麼關鍵事件才會改變既有的稠度。

不是的，**人的走近走遠，眞的不是恩怨的結果論，一切都太微妙，誰都不容易違逆自己主觀的感受，即使知道，有時也會選擇不良的應對方式。**

我們無法記住每個階段的鄰居、同學、同事、朋友、甚至戀情……，因為大腦的記憶體有它的極限。但，**忘記的不一定是不重要的，能記住的又未必是必須的**，也因而可以反認知：**時間選擇抹去什麼記憶，往往也並不在我們心念的控制範圍**。

任何人的一生都是一齣「長受劇」，忍受事與願違、承受禍不單行、消受因緣具足、享受意氣風發……。

劇長劇短各自解讀，順活逆活也大同小異，可是編排的場序前後顛倒，當事人的身心自由就會有不一樣的版本反應。在場景、背景、環境人物的三元堆疊下，自然形成各種交叉狀態。

無數人群的連結打造了無數社群，在「群眾」裡，許多重要角色，其實有可能是透過次要角色的穿梭，才開展新的蝶翼，有時可以順勢飛翔更美，有時可能迴旋墜落回到最初的樣子。

無常是宇宙奧祕，不是今朝有酒今朝醉的歡樂當下所可以解碼的，活在語言輪迴裡，哪裡是懂得幾個字詞就懂了人我之間、透了天地須臾？

既然沒有這麼簡單，就不要責備怨嘆世間繁雜。

就像毛線到了手上，你會編織嗎？不會編織，就要學會欣賞，不要胡攪蠻纏導致毛結處處。如果不幸死結難解，喀嚓一剪，也不失是另起線頭的斷尾求生。

人生的水平線

快樂標準莫衷一是，不要過於積極教授或評論，甚至鑑定他人的快樂。對於我們最愛的人，我們看到的其實就是針對生命而來的客製化戲棚、道具，與隨他而來的燈光、音效，他究竟是行雲流水？還是鴨子划水？可能同時存在。

長輩姐姐張小燕畫一條橫線跟我簡述人生，她說好好壞壞都要維持在這個水平線的上下，幅度乖離都不要太大。世人看她的高低起伏，未必是她內在的高低起伏。

高峰的時候，家裡電話響不停。

低潮的時候，電話幾天也不響。

「大家說我紅的時候，我沒有高高在上跩得不想見人，大家覺得我事業終結的時候，我也沒有覺得自己已經垮到不敢見人。出門工作，我是社會標準的張小燕，回家過日子，我是自己一成不變的張小燕，沒有矛盾，也沒有虛偽，切割的很均勻。」

人生的確是齣「長受劇」，走過身邊的人，帶來的一切，都不會是廢戲，是他們，爲我們鋪排了「現在」；而我們，也可能非蓄意的帶給別人種種得失。

對老朋友，我越來越能以新朋友待之，這樣的調適，讓我對任何意外的舉止都可以接受，也把每一次的相見視同磨合的開始。

唸書時代的我，沉默安靜；出社會的我，「說話」是工作的工具之一，以致對自己的口若懸河有喜有厭。

從職場轉身專業寫作後，歷時十年，終於又回到最初的自己。

有時我難免擔心，自己越來越不累積對單一對象的眷戀，長久下去，會不會顯得寡欲寡情？

凡事，有一好，沒二好，說出來的好或不好，也許都和真相有實質落差，但傾聽的人，專心就好，時時插嘴見解，反而會模糊關心的本意。

現在這一階段長受劇，我的主軸是加倍心口合一、言行合一，只要心行不相悖離，說不說話，真的就不再重要了。

大事或許不得不受，但小事煩事也別受到崩盤。

凡事煩事怎麼辦？

事件一，抽菸可以，亂丟菸蒂真該就地罰站：鄰居之間，抽菸反抽菸大戰每日數起，我不是選邊站，更不是鄉愿才保持沉默，甚至我自己也相當不喜歡菸味。但，既然是國營的生意把菸賣給百姓，我也不覺得因為我有良好不菸習慣，就有權利叫他人別吸別噴。到底誰能給答案呢？

亂丟菸蒂這事，應該道理清楚沒有爭論吧？這可是關係到公共安全的，可是每天就是有人丟馬路、扔露臺；如果能有路邊罰站這種罰則就好了，這些人真該就地罰站。

事件二，順手牽花！主人求饒？撫遠街有一家小餐廳在門前公共磚砌花台上擺了很多盆栽，我每次路過都誇業主常換花種，漂亮極了，最後才看他張貼的紙海報明白：「愛花君子，您已經從這個花台上順手牽羊幾十盆花，量太多了，你不手軟我腿軟。饒了我吧！」

事件三，狗生最大，奴才難為：大狗大大便，小狗小小便，制止牠們當然殘忍，放縱牠們也很難眼不見為淨，人和畜生做朋友，真的越來越為難，這又是現代天天上演的無解糾紛。

事件四，愛護公共環境是美德：公共垃圾箱大到可以站進去兩個人，可是把垃圾丟進垃圾桶還是會有困難？不是神射手，就多走一步，走到垃圾箱前面丟垃圾，行嗎？

事件五，貪小便宜的人生，有賺到什麼嗎？從大賣場購入的食物，吃完一半要退貨！大賣場雖然接受了，卻也從此拒絕簽發會員證，貪便宜貪成這樣，值得嗎？

事件六，千金難買好鄰居：華廈樓梯間，一戶人家堆散全家十幾雙皮鞋球鞋拖鞋，住在對門的鄰居，每天進出是多大的痛苦啊！聽說可以請消防局來臨檢，別怕傷和氣，這樣的佔領公域，已經很傷和氣了。

住宅漏水，很多樓上人家就是不肯配合維修，死辯活辯，難道漏水還會有橫著漏出來的？

很多華廈電梯使用三十年以上，基於安全，攤提更新是必須的，但通常更新電梯都會遇到相同問題，二樓說：「我都是走樓梯，我不使用電梯，所以我沒有理由負擔費用。」你搬進搬出時、你健康體力有問題時、你售屋廣告強調「電梯華廈」時，甚至，快遞宅配的行規「沒有電梯，每上一層樓就加一個搬運價」，你怎敢說你沒有用電梯？

人的自私與計較太過驚人，未來，即便是住宅電梯，都應該設定投幣收費方式累積更換電梯基金，因為每個人都覺得自己的錙銖必計是合理的，當然就會帶動吵不完的架，比如：那二口之家和五口之家，是不是也可以爭執：誰家使用電梯次數多，就該分攤較高電費與更新費呢？

人若只顧自己私利，天下找不到符合所有人的公平法則。

生活中期待的順風順水，不過就是遇到問題時，大家可以心平氣和輕聲細語的討論說通改善，但鬧氣，往往出在最小的事情上。

答案，是生命最難的問題

從桃子裡蹦出來的桃太郎，和西遊記從石頭裡蹦出來的孫悟空差不多，生存的任務就是到鬼島打怪。他們的行事作風無不充滿詼諧喜樂，縱然搗蛋起來偶有違和感，卻仍是世界知名故事裡，深受成人與孩童偏愛的虛擬角色，也因歷久不衰，以他們為主的各種影視藝術文創作品，不但重複打造，至今仍有舉世無雙的版本問世。

浮世出奇人，文明世界新款的鄉野傳奇，也有另一種「淘汰郎」。他們功力深厚，雖然技高卻喜遮掩行事，弄弄你、搞搞他，自以為擁有神不知鬼不覺的隱術，其實周遭的人完全心裡有數：面具下的原貌，累積到一定的厚度廣度就會被顯影劑解放。

老想著坑害朋友、淘汰隊友的伏兵，或許不知道自己就是破壞個人聲譽的臥底分子，一步一步把自己送上最聚焦的「淘汰郎」名單。**記住，別人不喜歡你，不一定會讓你知道的**。

職場上，社區裡，朋友圈，甚至家庭中，三人以上的組織結構，就會形成不知所為何來的角力，這些雕蟲小技雖非大奸大詐傷人，但是小惡小癖倒也的確惹煩。

年齡大的最大優勢，就是早已飛越江湖，在可辨是非黑白的搖扇納涼瀟灑中，可左耳聽聽張家傾訴垂淚，右耳聽聽李家自吹自擂，既觀賞關懷了滿嘴跑火車的人情事故，也完全懂得權衡自律自重，內心玉潔冰清的連個泡沫都不沾塵染灰，聽得是非，不攬是非。

有些天真的幼兒，扒一碗白飯不肯吃一口肉，急壞媽媽奶奶；有些小孩倔強的向來挨打不哭；有些小甜娃會沒來由抱著帶養自己的爺爺說：我好愛你喔。這都是天性本性。世道人間，誰都有權選擇自己的喜惡，但是群體有群體的同生共存法則。

從小小孩到小孩，幼稚園教我們怎麼過團體生活，然後，上小學接著讀書認字，開始教會我們人與人之間的事物，有時是修剪我們的旁枝，有時是挹注我們的潛質，重點無非是希望我們能成為離開母翼的飛鳥。

成長環境與學養訓練，盡量讓我們在優質部分啟蒙得益，也就是學會生活上該維持的基本態度，使彼此都在禮理相待的愉悅理解中。

但是人和人本來就各有心歡所在，經過學習過程不同的領悟、日常遭遇不同的悲喜體悟，從此，你和我，我和他，很自然會對和善、友善、從善、師善的註解，展現不同的認知高度。

「落差」不是用來解釋高低好壞的階級鑑定，「落差」是形容觀點差異過大的鴻溝與遺憾罷了，以致造成不可和解爭論的勢不兩立，一如鋼絲纏鬥，扯鬆扯緊都可能崩彈如箭。

不傷他人的答案都是好答案

講個我五十三歲時的往事吧！那年我已暗藏計劃，準備離開體制。先遇其他單位資深同事優惠退休，小朋友說：「報社幹嘛逼退資深的？」我輕說：「他們不退，你們不也說佔著位子、拿著高薪、擋著你們？」

我主動退休時，又有小朋友問：「妳一生奉獻這裡，他們怎麼能同意放妳走？」我笑說：「人的一生，不是奉獻這裡，就是奉獻那裡，不管在哪裡，最後都是要回到家裡。」

難，是嗎？**「答案」是生命最難回答的「問題」**。因為只要想法不同，任何答案都可以掀動兩極情緒。

除了度量衡的制式規格，人生沒有適用於每個人的標準答案。於是，人我不同，成就了很多的美好事物，人我不同，也濫觴了許多美好的關係。

我的標準是簡單的。**只要不傷他人的答案都是好答案**，這既非鄉愿，更非虛偽，我只是信奉得饒人處且饒人的溫情主義罷了；當然，這個說法是針對做人的衡量，在法律上又另當別論。

「淘汰郎」的未接來電

淘汰郎不是指生活困頓的落魄人。

淘汰郎是指人文環境裡比較粗暴或刻薄的人，面惡心善的人，有時會受些不盡公允的委屈，但面善心惡，那可是眾人知曉卻懶得揭穿的恐怖。

人的成熟善良不在年齡，其實只要接觸過短短的教育、遇過暗暗喜歡的對象、心中總有暖暖的夢想、世界再暗也有亮亮的希望……這樣的人就會仁心仁德，就是我們追求進化與淨化的理想人性。

曾經，我發現一件極不喜歡的事，於是我早上八點到工作場所交了工作證與鑰匙，不言而別。我主動淘汰那看來功成名就的位階，毫不眷戀。

二十年後，我發現一件極不喜歡的事，讓我又想換居家，於是我給房屋仲介一個數字，意欲：成交，即於二〇二〇年二月二十二日交屋遷離，選的日子與價格，都是雙數，心惦雙喜。可惜，自我淘汰未成。也幸好未成交，我才有機會發現我對某件事誤會了。

張蜀生導演說了一個笑話：朋友電話響而不接，他湊近一看，來電名稱竟是「此人電話不要接」，此人就是具體的淘汰郎吧。於是我學會了：接到來歷不明的電話後，我會在電話上做個可以提醒自己的註記，但是別刪除，因為刪除，他再來打攪你，你就分辨不出是誰了。

我偶而還是會記得反省，希望這一生沒有成為別人心理上的大陰影，但願我能守住自己的本分，永遠不做讓人咬牙迴避的淘汰郎。

每個人都有一朵鑽石花

鑽石花，它可以是具體的實物，也可以是抽象的意境；它或許能夠重要到讓一個人此生無憾，也或許只是飄忽羽輕無人賞識。但是，它的質量始終是自己最懂得奮不顧身的元素。

很多的朋友，內在的鑽石花一一成型，那樣的光彩奪目，如同為自己半百人生打造再度奮起的中繼航站，沒有疲憊，只有飛翔。

女人的珠寶，出現換算替代方案，她的故事正在發生中。

本名劉菊英，筆名六月，自一九八一年出版過十餘本散文集，也多次獲獎，現在她出版了自己理想的日記。

書厚八百七十頁，首印三百套，因為其中

有不少累積多年的彩頁插畫，單一成本價高達一千四百元。

她自己申請書號，再自資出版青春記憶，堪稱是極大的富有，但她說的一派輕鬆：「就當給自己暮年買一顆大鑽戒吧。」我聽到當下，相當感動。

她的鑽石花，就是這本完全能代表她的書。

任何可以讓自己心花怒放的東西都比鑽石動人。

男人的夢想，也有不同的路徑依規。

他腳踏實地，殷勤工作，父母高齡離世後，他的人生展開新頁，因為沒有負擔奉養的顧慮，他很大膽的運用百分之六十積蓄，把自己的家居內部徹底摧毀，全方位的重新設計，在社區裡實在美到有點突兀，連鄰居都會在他門前打卡上傳，他在窗後不驚動鄰居的微笑著。

他說：「我人生第一棟房子買在五十歲之後，我要善待這房子，一如這房子未來也要善待我。」

省略年輕購屋換屋過程，他完全沒有常人家庭面臨斷捨離的矛盾，只要對照年齡健康與人口配置使用空間，就能把隔間設備精準的一步到位，如此的簡化，就是最周全的不浪費。

他的鑽石花是：人生第一棟房子就能達到「全美」的理想。

電影製片人退休後，時間變得很多，最大的挑戰，是學習如何和下一代溝通與妥協。

辛苦經年，家庭煙硝散盡，她變得年輕了，容光煥發了。

她不強迫宣揚福音，不跟你耳提面命聖經，但是三百六十五天，從不間斷晨間寄送福音問安卡。

有一天她看到我隨身攜帶的摺疊椅，很稀奇的問了開摺方式，然後就託我代購一張，我說有車的人遊山玩水健行遠足太累時，很能派上用場，但擺在家裡沒有大用處，妳要了幹嘛？浪費。

她說：「我每天早上在大安森林公園讀經，這凳子能收能背，我帶著去坐，會比坐在草地上舒服。」

她的鑽石花就是：時時心中有神的伴隨。

他在忠孝東路財團法人診所行醫四十餘年，整個人總是精神精神的。

他一日話量是太太一月話量，走到任何地方，跟他打招呼的人，總是跟他鬥嘴惹笑，不像看門診那麼畢恭畢敬、嚴肅多禮。非門診時間，周圍的人很容易「見者有份」的被感染輕鬆，配合的跟著他笑、鬧、掰。

他看診時，永遠身著西裝，上衣口袋還摺著三角尖手帕，我帶畫家朋友去看診時，畫家說：「紳士風格，台灣奇景。」

一個星期，他居然有五天，早上會和太太從內湖開車到北埔鄉下義診，傍晚再回到台北看七點的門診。他看診的時候，太太就陪岳母去山上果園掘地、摘菜、收雞蛋。

北埔鄉下義診的掛號單病歷表都還是手寫式紙本紀錄，健保的掛號費維持五十元，診後謝禮不外乎老母雞、各色自栽蔬果、當地零食，他都含笑收下，不辜負小民小農的美意，回台北再一一轉送友人。他和太太身材精瘦，食量很小，可是喜歡點菜滿席，總覺得能讓客人打包才符合禮貌。

家裡小園種了很多花，自己挖土插枝、換土施肥，玲瑯滿目的裝飾小物更一塵不染地布滿透天各樓層，家裡並沒有請清潔工代勞，太太說：「除了睡覺，其他所有時間他都保持活動狀態，家裡這麼乾淨是他的成績。」

「快樂自信、隨和善良」就是梁榮基醫生的鑽石花，已閃爍數十年，越老越有亮點。

「成就自己」就是為生命開礦，往往在超越某段年齡界線後，才因累積能量而展現力量。

年輕的精壯若想成長為老而不朽，心裡永遠要保持一朵盛開的花。綻放季節或許不在控制範圍、等待時間或許天長地久，但是，無念無願就像沒有種子，那，盆空怎栽花？心空怎綺麗？

鑽石花，不是鑽石不是花，是我們看待自己每一個階段的誠心誠意。

小確幸太多的日子，其實需要有更多一點的野心才能風起雲湧。

小確幸是：今天聽閱到一場好的演講或公播紀錄片。

小確幸是：失散多年的同學可以快速輕易地叫出你的名字、說出你調皮的故事。

小確幸是：你無心插柳卻適時幫助了朋友。

用比較大的熱能主動向前，那才是野心。野心是生命的火炬。

每個年齡都該燃燒念頭：我可以成為什麼樣或擁有什麼樣的鑽石花？你有想像，你願實踐，你就會有自己的魔宮傳奇，你就會發現某一種寶物其實就是你一生的追求。

順服，
帶來絕對滿足

住在鄉下到底有多好？

我來自鄉下小鎮，我喜歡鄉下民情，我懷念鄉下的獨有風采。

住在鄉下就是有這麼多簡單的好。

永遠不會表錯情

你不會有機會怨懟為什麼都不將心比心？因為純樸的心回應的就是直率直覺直接的善意，像是與生俱來的體貼，不需內省，不需自我約束與要求，自然極了。

我不會以為自己真的與眾不同才受歡迎，我深深相信，是他們天生就習慣對人慷慨。

曾經大隊人馬到府城，主人家一再款待，

且總是對餐廳說：選配最貴最好的菜上桌，沒有預算限制。

這話說來豪氣干雲，毫無矯情；但如果在繁華都市這麼說，好像，就真的是在炫富耍闊？也許，都市人自己都不信任自己的居心吧？

所有生命都抬頭挺胸

雞鴨犬貓，隻隻開心。

在鄉下，犬隻真的很自由，在田埂電線桿上腿一翹就尿！四仰八叉躺在路中間打盹時，車鳴喇叭並不會嚇到牠，牠帶著慵懶的表情起身緩行讓路，過度的不慌不忙很像揶揄駕駛的匆忙。

但是，我的確看過鄉村微笑的狗，我也一再比較與確認：鄉村狗跟都市狗有天差地別的氣質，就算牠只是混血兒血統，也都有著強大的快樂。

在都市馬路，我親眼看到行車者從車窗丟出一個包子，造成一隻路犬穿梭車陣去撿拾食物。

選在這樣的路段供食，是愛嗎？是惡作劇嗎？

斑駁殘缺造就獨特文化

小餐廳擺設的桌椅，可能是挪用的家具，尺寸不合，進食卻無違和感。古老的爐灶，用裝修後的木料剩材烹煮，客人習慣居旁凝視熊熊烈火，這哪裡是瓦斯爐電磁爐能帶動的文化探索。

怎麼吃、吃什麼，都不會有人臨桌解釋食用方法，少了壓力、少了難為情，當然也就沒有自卑感。

遇到果實採收期，農家會用人工肥催熟，於是吸引大量蒼蠅前來觀光，在露天環境進食時，它就停站在碗盤邊緣上嗡嗡作響……。

蒼蠅一旦成群，就讓人忘了髒、忘了噁心，但是想想看，如果是在居家客餐廳或臥房裡有一隻蒼蠅在飛舞，誰能忍受？一定會跟它決鬥吧！

鄉下的文明，就是大家都自由。人畜鳥蟲不分高低所衍生的不侵犯共生文化，保存了較好的人性面。

聽不到吹毛求疵的居住管理

鄉下就是心靈健康養生園。隨便是搭訕閒聊、訪親敘舊、尋根探索，都不會聽到牢騷，當然也沒有網路霸凌式的酸言酸語。

同樣是居住，銅牆鐵壁的集合式建築，讓人們疑神疑鬼，用一切預測的可能，嚴加防範有賊、有匪、有壞蛋，這邊有監視器，那邊有門禁卡，可是，多數人還是欠缺安全感的。

我初初到高雄適應生活時，有一次覺得先生停車位子不宜，就說：「不要停這裡，小心車子被人畫。」他譏了一句：「只有你們台北人會這樣。」唉！我是怎麼招惹他了？

也許，我們對都市的文化慣性，確實有種種不信任？

我試著住回鄉下，曾在旗山差點買下農舍，只是因為不懂農務，我們根本不配擁有這個日日飛舞蝴蝶的山谷。聽聞我想住在田中央，都市人也嚇我：到了灑農藥的季節，毒死你……。

天生快樂的人

因為沒有方向感，路痴障礙讓我對旅行驚慌，但是我這個都市裡的鄉下人始終嚮往自由自在，所以每每到了窮鄉僻壤，倍覺人文環境是如此恬靜宜人。台中高雄都是好地方，空氣不好、水質不好，難道不是人為疏失一再辜負大自然嗎？

我常常想念鄉下，去年十月去池上看稻浪。好美好美的不只是風景，還有便當、民宿、鄉下人，我，一直最適合這樣的生活。

關山老師教職退休後，吳潔豫大姐還和很多學生保持聯繫，趁著看稻浪的幾天假期，我在關山有機會結識她一群很有趣的學生們，普遍年紀也已在五十歲左右。

關山的音樂老師藍彩，從第一屆稻浪就帶著學生做義工，喜歡音樂的孩子已可以逐年參與稻浪節目的演唱，本鄉本土的榮耀，同時表現在很多服務的態度上，藍彩同意：這些孩子特別懂禮貌。

很會搞笑的阿祿，小學畢業後，因為家境，而沒有繼續升學，但不管嘗試什麼工作，他都能邊做邊學、得到認同。後來考進關山鐵路局做售票員，當時這是最穩定、最優渥的工作，卻讓他面臨最大的挑戰。

「我只念過小學，算術沒學好，從小不會加減乘除，平常去買東西，一向是錢遞出去，人家找多少算多少，我自己沒有辦法計算；可是到鐵路局賣票，是我要找錢給別人，我得自己算錢，我完全不會，也不敢讓別人知道我的問題。這時我想起玩紙牌的演算法，二八、三七、四六、五五、六四、七三、八二、九一，所有十的整數都是一個大數配一個小數，我就這樣有了自己的加法減法換算方式。」

我驚嘆，好厲害呀！

過去他設計了一些售票系統，現在退休又將回任，重新設計電腦程式。

這樣的頭腦，這樣的靈活，要是多讀幾年書可就更不得了了。但是，他喜歡待在小城小鎮裡。

擁有百香果釋迦果園的阿輝說，果農的天敵，有野生猴子、野生毒蛇、還有溫室的動保人士。因為動保人士呼籲這不能捕、那不能殺，造成果農受傷、果園受災。這些辛勞，他說說而已，晚上喝喝白酒唱唱歌，他們天生就是快樂的人，連那樣的快樂都讓人看的感動。

我們又去花蓮的舞蓮花園，園裡的破磚破瓦破石頭，無一不令人驚豔。老闆正在搭建新的荷花水塘，他自己釘木板、打木樁、準備灌漿，聽說灌漿之後木作要拆除，我就好奇問：「既然要拆除，那隨便釘釘就好，釘這麼整齊幹嘛？」

先生打斷我的無知，說：「隨便釘，一灌漿就垮了。」

老闆邊工作邊說：「我以前很有錢，養荷花二十八年，還是很有錢。」多可愛的說法。

城市的人常愛說退休後要到鄉下買塊地，日出鋤草樂，夕陽荷鋤歸，但這真的只是想的美，因為要讓植物蔬果從土地裡生長出來，付出的不只是知識，還有很多隨之而來的皮肉之苦。

我們對鄉下最大的幻想，就是我們想轉換自己在時空裡的角色，以為農務的浪漫可以治癒都市裡奮戰一生的傷痕，其實年齡、體力甚至財力（現在農地也很貴喔），都不是那麼容易讓我們客串農家，只是常常鄉下走走，可以親近體會農人順天意、順天命的順服個性。**順服，這個字詞在我的解釋是：平靜平淡的絕對滿足。**

輯二——

退租委屈

誤把委屈錯看成一切不如意的來由，
層層堆積，逐日生霉，
然後才發現，讓心靈潦倒的主因，都是些另外瞎扯出來的情緒，
所以，把內心小劇場裡的委屈，勇敢退租吧！

委屈像盤隔夜菜

眼睛，不會只映照喜歡的風景，也會無預警被侵入雜景。

下雨，很難落得不多不少，浪漫可能瞬間變成災難。

美食，賞心悅目樂不可支，突然咬到蹦牙石礫，傷身破財。

天下，豈有不帶傷的人？

天不從人願，事不順心意，小小的不舒坦，本來就是日常時有的不稀奇，但是累積累積再累積，顆顆硬石相黏成一條石鍊卡在心坎上，於是，沉重來了，忿怨來了，委屈也隨之而到了……。

委屈是一道隔夜菜，有人可以一吃再吃，

吃到翻胃潰瘍，吃到中毒命危，還在繼續盛裝腐朽，真以為不斷發酵，就可以感天動地，就可以把垃圾變成黑金，把毒素攪成楊枝甘露……。

唉！如果你不是心靈神廚，沒有獨到魔法，不擅妙手回春情緒料理，那麼，處理委屈的方法之一，就是把十足隔夜菜味道的委屈倒掉，一點渣一點汁都不必留。如果一念之間倒不掉，麻煩使盡辦法去消化。

洗淨盤子，再挑新鮮，另開爐火，重新來過。這個程序並不難，難在你可能不願意開始，因為，你怕浪費了過去，以致，你透支虛擲了未來。

很多的我們，都有虐癮，總是習慣定時定量，每天端著委屈，不時攤在心上大火快炒，深怕降溫怠慢了傾聽者。

「跨不過去」與「走不出來」，是典型的隔夜菜貪食者，他緊緊的揪住一種氣味，以為是好吃的臭豆腐，其實是豆腐真的臭了。

你可曾也這樣過：為了避免對某一種內在的空洞慌張，寧可讓自己浸泡在嗅之可悲的餿水氣息中？

一個讓人倍覺委屈的事件，如果得不到水落石出的機會，就要有清者自清的壯志，千萬不要打不贏又不敢逃，原地打轉到最後，就掉進只會抱怨牢騷的可憐巴巴角色。

這個世道，「若是」自己不求長進振作，「弱勢」不會我見猶憐，只會我見猶嫌。君不見：不聽勸的委屈者，因為始終不願調整委屈指數，就在自己訴苦千遍也不厭倦之後，會發現常伴左右的人逐漸濃來淡去，化安慰為淡漠。體貼的人通常不忍心指說你錯了，但是再多的耐心，終會拒絕陪你蹉跎蓄意蒼白的日子。

一生短短，好好玩玩；有人惹煩，甩開不見；凡事依賴，進退兩難；無法捨離，自添愁苦。

世上人間，我們有很多無能為力，也有很多無病呻吟，我們有很多得天獨厚，也有很多恃寵而驕，如果強大的一方不能庇護我們，一切就要回到原始的生存法則，自求多福。

如果我們已接受較大的體恤，我們還要要求無微不至嗎？如果我們總是命運多舛，我們就要有勇氣解開個人肩上的枷鎖，反擊人生風浪的霸凌。

有些委屈的存在，不是別人看得懂，或是看懂了就給得了安慰。好在委屈的指數可以有水銀升降的操作，我們當然需要外力的支援，但是我們千萬不要在心上擺曬一座不退租的攤位，把自己認定的委屈理由視為是一切不如意的來由，而且層層堆積在攤位上，逐日生霉。最後，擴大心靈潦倒的主因不是事件本身，而是另外瞎扯出來的情緒。

職場上，你委屈嗎？

在人性的交鋒天命中，「瑜亮情節」應該遍布世界。人和人對仗的關係，大概都隱隱存在相同體質：不看自己是否懷才，但看自己何其不遇，以致多數人覺得自己委屈極了。

「他有比我好嗎？」「我有比他弱嗎？」也許都沒有，你井底觀天、好生窩囊，還深深相信：他運氣好、他很會逢迎拍馬、他精於敲響後門、他祖有餘蔭……，數落完這些他人帳冊，會讓你變得更好嗎？

「既生瑜，何生亮」其實是歷史人物周瑜、諸葛亮的示範演出，雖然朝代已過，但是人性仍如開天闢地之初，穿著西裝洋裝的男神女神、老翁老嫗，綿延不絕的職場故事，從來都沒有離開過瑜亮情節的翻騰。

情場上，你委屈嗎？

跟你在一起的人，如果沒有善待你珍惜你，你有權利去嘗試更值得更好的生活，但是莫忘先評估與建設自己是否有不畏出走也不畏孤苦的能力。相對的，如果你只能頤指氣使視對方為高攀，那對方是不是也該在願意低就的情愛裡尋找新的尊嚴與尊貴？

在情愛關係裡，好死不如歹活是個蠢念頭破觀念，總是需要縫縫補補才勉強維繫的感情，丟了吧！。

好好的一起度過或好好的相互放過，都是一種幸福，不要死纏爛打，不要怨氣沖天，**委屈只在一種狀況下值得存在，那就是你還可以看到改善與希**

望，這時的委屈是心志鍛鍊與共識提煉。

親情網裡，你委屈嗎？

你付出很多，得不到疼愛。

你含辛茹苦，只得到虐待。

同樣的兄弟姊妹，同樣的血脈手足，有的蹺著二郎腿閒吃閒住無視父母，有的打工逾時獨立供養爹娘，就算再有能力，都不要全面性無止境的包山包海包全家。親情不是血汗工廠，你的善良讓你願意從單純的愛出發實在太棒了，但是也要避免以傷心落淚收場。

能力不同帶來成就不同，機運不同造成際遇不同。一個家族裡，有人可以多做一點，也有人可以少做一點，這都是平衡，也都是公平。但是，如果是完全不下注的人，沒有資格大小通吃，從來不儲蓄的人，當然也休想通提貨幣。

練習，將委屈輕輕放下

委屈三條主線，無不來自工作家庭愛情，克服的關鍵是，一要敲碎玻璃心、二要甩掉攀比心、三要堅定同理心。此外，大聲問自己，在別人「給」的過程裡，你有沒有分辨善意惡意的寬大心？你有沒有扭曲自以為是的自尊心？

徹頭徹尾的委屈可以濃縮成兩個字，窩囊。

委屈和窩囊，如果不是「就地一滾」便能「翻身爬起」，那麼，不妨捂臉流淚，趁勢順氣休息。

人在趴下去的時候，不必在乎姿態，因為對關心或不關心的人，你都該把暫時的空白當作防護罩，在殼裡，先檢查心傷，再規劃如何重見天日。就算在事情上卸不下委屈，在心情上，一定要懂得自我重建。

練習，拂手推開復仇的憤怒，挽住讓自己強大的毅力，與其花時間扳倒傷害你的對象，不如花時間撐起自己的一片天。何況，造就自己的好，絕對比殺伐他人的壞，重要。

練習，忘記幾個會折磨自己的字詞，諸如：「公平」「報應」「憑什麼」「無情無義」「過河拆橋」「公理何在」……，受苦的人只要專心為自己找到脫苦脫困的機會，不要仰天長望又自問自答，因為所有神力，都展現在你可以穩定對待自己之後。不要讓氾濫的委屈字詞，導致更嚴重的情緒傷害，心理的呼天搶地，生理的低迷萎靡，只會帶來自暴自棄。

謹記，對糟蹋你的人，迴避；對糟蹋你的事，剪斷。如果一時不能迴避剪斷，那就反求諸己勤練「眼中有物，心中無影」的內功，不把委屈放在臉上，不把委屈夾在抱怨裡，壞蛋一旦不明招數強弱，或許還會收斂三分。

面對生活，請粉墨登場。這裡的粉墨登場是形容詞，提醒你精精神神的拉抬強大氣場。

生理傷口需要時間痊癒。

心理傷口是靠一念之間枯木回春。

心念不轉，時間再長，縱然舊事已渺，它仍變身為另一種扭曲的委屈，並不能真正結束侵蝕心靈健康的後遺症。

人生好不好，跟遇到事情能不能果決篩選的個性有很大關聯，擺脫不了惡劣境況是很大的厄運，**你的致勝力量來源是「我必須更堅強」，絕不能一再重複「我真的好委屈」**。

高小姐，妳還好嗎？

最近的每天，我都約莫清晨四點醒來，醒來了也仍閉著眼睛賴在床上一動不動，往往這樣平躺三、四小時才起身……。

我這樣熬了一天又一天，不知跟自己逞能什麼？

上個月，好朋友發了簡訊：「雖然還沒有到生無可戀的程度，但是，也覺得人生真的很沒意思。」

這不是訊息，這是訊號！

我立刻邀了我們共同的好友李烈：「他狀況不好，妳跟我一起去探望，我把妳當作帶給他的驚喜禮物。」李烈真的很夠意思，她工作忙得不可開交，還是一口應允，但是：「我必須當天回來。」

去的前兩三天，我覺得還是先告知受訪者為宜，果不意外，朋友在「歡迎」「先不要來」「等我好一點再說」的反反覆覆中，一直更改要見不見我們的意願，我太瞭解這些反應了，最後強勢決定：「我才不管你想不想看我，是我想看你呢！」於是我們在次日「強行進入民宅」。

這個探望很簡單，就是吃吃鴨翅喝喝茶，少許水酒伴火鍋，李烈坐當晚高鐵回台北，我和先生特別留宿一夜，心裡明白，次日讓他伺候一頓早餐，不但不會形成負擔，還可以讓他略略開心。

他是細心的人，平常不囉唆，但是習慣以臉書的貼文觀察我的狀況，只要我多日沒貼文，他就會來電話：「高小姐，妳還好嗎？」

我跟他說：「不要亂停藥喔！情緒過不去，就上台北來找我們，或者叫我們下來。」

怪怪的感覺又來了

是的，我一向跟憂鬱症的朋友說：不要隨便停藥。

但是，我自己卻明知故犯，憑什麼這麼自信呢？

幾個月前，一位出版社的小伙伴陪同下去新莊演講時，就覺得「怪怪的感覺又來了」，那就是沒來由的低潮，那就是意興闌珊，可是他幫我做的投影片很棒，讓我又有些振作。

因為聆聽者年紀偏高，邀約單位評估長達兩個小時的講演，中途離席的人可能會多，所以乾脆沒有中場休息，沒想到未走一人，而且演講完後的提問，也逾時到收椅子關燈的時限，我承認，當晚我很嗨！

回家的路上，我思索兩個問題。

一是，只要找對專注事物，不服藥也能掃除憂鬱症狀，哪有什麼難的。

一是，我會不會誇大自己的重要性，太喜歡面對群眾？（這點我肯定不是，我知道憂鬱症的隱形之苦，所有經驗分享，確實是希望大家都能找到方法彌平情緒造反。）

憂鬱症二度復發以來，我服藥已近三年，這次時間太長，我的狀況已經完全穩定一年，我不相信這樣還不能擺脫憂鬱症病號？我也不喜歡我的情緒要依賴一顆小藥丸控制。

我懂得斷藥要採取漸進式，因為懂得這小小知識，就讓我自作聰明、自以為是起來。

因為每天晚上耳鳴腦鳴狂躁，睡眠藥已經沒法讓我安靜，我乾脆先停睡眠藥，停了睡眠藥之後，沒有出現惡效，我膽子就變大了。

一天一顆藥量，我減至一天半顆，吃了一段時候，無異狀？再進階，剛開始我發現忘記吃藥，就假裝繼續忘記，慢慢忘兩天忘三天（都能數出日子，哪算是真的忘記。）

因為一直未出現異狀，我放手一搏，徹底停藥。

一個月，沒事。
兩個月，有點起伏。
三個月，扛不住了。
於是我重新開始服藥，我明白這一次至少又要三個月才能平衡血液裡不足的血清素；我跟少數幾個朋友說「我復發了」，因為我不想在難得相處的時候，讓朋友覺得我心事重重。
心事重重只是我現在的「樣子」，而不是我真有重重心事。
我對憂鬱症太熟悉了，安慰陪伴都可免了，我知道怎麼應付它。
連續一星期，姊姊每天打電話問：「情緒穩定沒有？」我說：「妳不要操心，我覺得不對的時候，我會開口求救的。」
是的，**「會開口求救」是我性格上相當好的優點！我敢於讓人知道：我需要幫助。**
再次叮嚀服用反憂鬱症藥的病友：不要隨便停藥，不要自己停藥，不要介意服藥。

情緒溺水！放鬆、上岸、就好了

「我不能死，我還有很多仇人」，這樣激烈或激勵的電視劇對白，一旦貼在上百人的同學群組中，相當驚悚！大家都語塞無言。

年輕的歲月，凡事敵慨同仇，但因為知識經驗累積有限，以致我們認定非黑即白，非善即惡；其實不是的，不是的，長大的我們，多少能體會：黑白的中間有深中淺的灰漸層，善惡的界定也不是眾口鑠金就可以定論是事實。

人生的難題，很多都是對手造成的，但是對手，可能是最初的敵人，也可能是最後的恩人，重點在：我們過招的時候，在乎的是置對方於死地？還是讓自己全身而退且愉悅自在？

摔跤，別一味怪地盤不平石頭大；反正，跨得過去就一路順風；跨不過去就回頭開路。

站在原地盛怒，石頭與地盤都無動於衷。

我也嘀嘀咕咕怨天尤人過，但是最後的起死回生全在簡單一念的乍現：我幹嘛把自己過成這樣？

對自己認錯、不再糟蹋自己、甩掉對往事的偵詢、消滅冷言冷語的自殘、恢復尊重婚姻愛情、灌溉我與生俱來的自信與熱情……，一念，帶來一串的修煉。

個性本質及活好本能，再度激起我的生命火花；毅力，撐得我腰桿脊椎不再痀僂；連一雙黯然無光的眼珠子都重現靈光黑白分明。

對於有挫折的朋友，不管事件屬於哪一科，我總是誠心傾聽與舒活，但是事不過三，如果對方並不想上岸，我也有我的自私，連陪著一起想不開都不再願意了。

我走過，所以我知道：有人陪伴，會帶來勇氣，有人安慰，會拉提振作，但是，別人能給的都是短效藥，周而復始的相同內容很容易產生抗藥性，逐漸把重複的低潮黑潮納入無終止的療程……，認真聽與勸的語彙也逐漸漫不經心……。

悲傷的關鍵翻轉，仍在於巨大毅力，如果眞想追求心境的自由與坦然，調整情緒免疫力是唯一的方法，而僅有的依靠是自己的轉念。

我們當感恩：**生理凋零也許會藥石罔然，心理茁壯卻完全可以自立自強。**

破衣舊鞋爛床單，灰塵蟎蟲過敏源，無毒專家呼籲要斷捨離；金石玉器紫水晶，錦緞珠寶大房宅，如果是在傷心中享受，還需要眷戀嗎？

每個人內心都有自編自導的小劇場，喜劇鬧劇悲劇，也常莫名其妙亂了套或擦槍走火。

搭不上戲的伴侶肯留在旁邊，有犧牲打的善意，要好好珍惜；至於沒有疼惜只會霸凌的關係，越早結束越好。

人人愛自己，方法莫衷一是，但只有能相互映照的好聲好語好笑容，才是彼此舒適的真好。

生活裡未被關係人善待，是創傷的直接成本，立現虧損，但是，外傷引發的內傷，是間接成本，雖無形，卻更有毀滅性。

接受虧損一時？或承受毀棄一生？是心智與毅力的選擇。

自己好好活著，是一種謝天恩謝親恩的道德行為，助人好好活著，是一種反饋的善牧行為。

善待自己要有一點若即若離的心眼。

有些時候你要做到走出他們之中。

有些時候你要做到走入他們之中。

想一個人追求心靈平靜的獨處安適，容易嗎？

想一群人慣常燈紅酒綠的熱鬧喧天，容易嗎？

你問自己，哪樣選擇對你是容易的？哪樣選擇又是你真心所愛的？

其實，在俗塵與離塵的答案中，我不會選擇獨沽一味的風格，我喜歡動靜平衡，在舒適的熱鬧中熱鬧，在舒適的安靜中安靜，不強求自己有魅力，不強求自己有定力，這也是一種隨遇而安。

戲劇劇情總是告訴我們：仇恨是一種競爭動力。

我不覺得仇恨是一種競爭動力，因為一旦開始仇恨，就不知道什麼時候會失去控制能力。對別人進行情緒刺殺的每一種手段，都可能反彈回來打傷自己，甚至自傷甚過他傷。

傷口不要重複揭，傷心不要重複談，「重複」才是傷之最。

比如說，配偶外遇傷了你，你訴苦過了，甚至朋友皆知，那就夠了。如果不打算結束，請到此為止，天大的罪過只宜討伐一次，但你可以有一個決心，如果假釋後再犯案，你絕不和解。

堅定原則比碎碎狂念更重要、更有效，你永遠記住：**每一次挫折要扳回的，無非是自己的人生，你並不需要委曲求全，你當然也不必要判對方無期徒刑。**

摧毀別人跟摧毀自己一樣，並不可取，還有可能兩敗俱傷。

世事就是這樣兜兜轉，有些事，你不費力就是總佔上風，有些事，你絲毫不馬虎卻還是時時會吃虧。很多平衡，我們不要用同一事件去檢視，而是在人生加總得失時，數一數自己多出來的，夠不夠彌補少去的遺憾而已。

我的人生，不是你打考績，我的人生，不是你作裁決！

如果你對我不存善意，我就讓你高攀不起！

如果你挖我陷阱牆腳，我就等你遭人圍剿！

你對我做的，我能輕鬆反擊，我就陪你玩玩；如果我是雞蛋碰石頭，我就放鬆自己，好整以暇，等著別人收拾你。

不動氣是最好的修練，**不動氣是最難覺察的重磅**。

想著惡人自有惡人治，你會舒服很多，阿Q沒什麼不好。

不生氣
就不會感覺受氣

你受得了氣嗎？你受不得氣嗎？你常常受氣嗎？受氣的感覺有常見的三種源頭。

第一種，明明說者無心，偏偏聽者有意，很容易自動安裝想當然爾被欺負受委屈的敏感理由。這樣的人，心裡疊落了一副用之不盡的悲情牌，不時飛出一張，覺得自己時時受氣，導致天天受苦。

第二種，長年做大自己已習以為常，稍稍的不順耳都視為是別人的挑釁，會迅速敲響反擊戰鼓，只為了宣告：我不是好欺負的。這樣的人，很像惡人先告狀，想著「被」霸凌的標題，卻寫著霸凌他人的內容，完全無法自制被迫害妄想。

第三種，真的就是被欺負了，那，憋不憋

得住受氣的感覺？敢不敢討回不想如此受委屈的公道？該怎麼辦呢？

不受氣的有效方式不一定是反唇相譏、猛攻快打，而是：自我圖強，打心裡不生一點火氣、悶氣。

受氣時不生氣，周圍的人會自動共鳴看到你的委屈；如果一受氣就齜牙咧嘴急著出氣，周圍的人會被趕鴨子上架看熱鬧，呱呱之中反而忽略了你的委屈。

略過那些悲情與妄想

悲情牌或妄想症的委屈，只有靠自省自決來覺醒，這樣的問題可大可小，揪著不放不改，就是大惱傷大腦，願意修繕念頭，就能護心不傷心。

我們需要花力氣關照的是：一旦遇到針對性的無禮言、行、事，是採取防衛？反攻？還是迴避？其實只要自己清楚每一種回應方式會產生的結果，就會瞭解當下該有的態度。

我是受不得氣的那種人，但這只是我對自己的「評估」，至於這輩子到底有沒有真的受過氣？我想我也沒那麼得天獨厚，也許是「惹不起你，總躲得起你」的認知，讓我有效隔絕別人用不當的情緒或行為入侵我的世界。「別煩我」是我處理厭煩人事物的基本能力，也是我比較期待達成的結果，因此，我做得到「略過」正在發生的狀況，用隱形墨水有效點除記憶，保護腦庫。

有人說，有怨才有氣，我看家庭倫理問題時，剛好持相反看法，家裡不管發生什麼大小事，只要無人動氣，就不會有兩相怨懟。

多數人在轉述爭論時，都把自己角色該盡的本分說到超過及格又接近滿分，這樣很好呀！大可不必在乎自己被他人疏忽回應的部分，因為很多細微，是要心領神會時才能出現意義，太急於衡量彼此相待的對價關係，實在是強人所難，也衍生太多不必要的猜測。

姻親和血親之間，一直鋪陳重大人生課題。公公婆婆兒媳婦、岳父岳母女婿檔，是兩組重要主線，從他們會再牽出各路關係人。

婆婆不必對媳婦不以為然，媳婦更不要對婆婆暗藏戒心，兩角之間只要做到一般的忘年之交就好，千萬不要刻意提高感情濃度，硬要建立「情如家人、親如母女」的標準，這樣反而造成不可理喻的要求與比較。

我還在世新唸書的時候，就能用稿費繳學費，除了爸爸媽媽，我這一輩子還沒有機會用別人的錢，這樣的優勢是：我確實掌握了生命的自由。缺陷是：該就範時我也會有點不識時務。這可能是我膽敢把人生問題看得很簡單的關鍵。

爸爸給我們「手足最親」和「尊重自己」的家教，讓我奉行並自我精修該怎樣做媳婦、怎樣做親戚，雖然我也有需要補考的時候，但是大致而言，我除了情感依賴較重，其他都在匍匐前進的學習中漸入千山獨行的境界。

別人給你帶來的不幸福，並不是讓你放棄經營自己的障礙，就算障礙存在，你也得振作。青蛙跳、越野跳、撐竿跳，怎樣都要讓自己蹦跳出一個高度，創造他人得仰視、自己可俯視的自信。

太愛生氣的人，往往誤會自己是太常受氣才難忍氣，這何嘗不是自我施咒？你有沒有持著巨勺，把受氣、出氣、生氣、怨氣，攪出一潭惡風惡水來澆灌命運？

我不受氣？我突然想通了，其實我也受過很多氣，只是我不把那些挫折視若受氣。我在尋求脫困時，花了很多時間、很大地信心喊話，專注自己不要再做錯什麼，而不是懷恨別人為什麼會傷我。

消退委屈感

對於可能釀成不適感的事，我們姑且在這解釋就是「委屈感」好了，你可以這樣對付：

一、雞同鴨講

聽到不想正面交鋒的話，就顧左右言他，如果對方以為你沒聽到而繼續重複，無所謂，他重複他的目的，你就重複你的方式，以笑咪咪的和顏悅色和他雞同鴨講。不要一動氣就打過去，讓他自動說不下去。

二、束手就擒

一叨二叨三叨，叨叨接招，束手就擒絕不反抗，為了提升他叨來叨去的興趣，不時穿插「對對對」「是是是」「好好好」「改改改」的回應，給他自說自話的場面加一點溫度、給一點面子，這種過度順從的態度，其實對愛說教的人並沒有解癮的成就，一開口就贏，他很快就無趣的安靜了。

三、舉手發言

有些討厭的事還是要理出一個結論，所以，必要時就一敘己意吧！直接化被動接受為主動提議。你可以參考這些例句：「我可以有兩分鐘完整發言時間嗎？」「我們對真相認知有落差。」「誰都沒有說謊造謠，但是懷疑與猜測只呈現相反的事實。」

四、不要硬碰硬

沒有誰的德性有權利讓你受氣，但就是可能遇上。

如果在團體中，你就轉身跟旁邊的人聊天，如果是一對一狀態，笑著告退：「哎呀！我下一個約會已經遲到了。」

別計較，要假設他的人生比較委屈，特別需要自大的氣勢凌人，也需要自卑的居高臨下。

五、破釜沉舟

若碰到特定對象，就總有委屈相隨，那不管是不是敏感體質造成的多心，都表示他就是天生剋你！不必猶豫，只要拉出距離就是脫離負面磁場。

六、問問自己

人人都有倒楣的時候，但是有像你這麼倒楣的嗎？**如果你覺得誰都讓你受氣，都在欺負你，可能，你的個性就是你自己最大的敵人。**

如果是面對家人，你仔仔細細多想一想自己的給與得，並好好觀察這個家庭裡彼此的關係，你是被邊緣化？還是刻意被討好？

有些委屈是想像出來的，有些受氣是過敏而已，當你有效克服不生氣的時候，你可能就會排除任何受氣的不舒適感。

我們不是因爲受氣而生氣，我們是生氣情緒搶先一步，然後才帶動「我幹嘛要受氣」的委屈。

我一向不贊成冷處理感情關係，親情、友情、愛情、同事之情皆然，但是如果這些情分已經搗毀愛護的基礎，急凍冷處理就有電燒的效果，可以同步完成除灶結痂。

有些問題，並不需要「解決」或「解密」，只需要「封箱」和「封艙」，讓情緒病毒活動力降低甚至絕滅就好。

自勵是種超能力

每個人的生活都是在好與不好之間擺盪，作爲身心的主人，我們不一定有完整的主控權，但是我們可以盡量訓練自己把專注力用在適當位置。

室內瓶瓶罐罐裝著治病藥丸，心靈瓶瓶罐罐裝著蠟筆水彩。當服藥成為必須，別忘了加點水彩揮灑，誰都可以用簡單的彩虹刷新灰暗。

智慧型女朋友陳菊芬生過一場嚴重大病，她樂觀開朗地說：如果人過中年還要倚賴勵志書啟發，那真是挫敗人生。難道寒暑數十之後，還始終找不到過好自己的方向？

退休同學張玉屏說：每個人的際遇不同，發發牢騷是必須的舒壓管道。但過了六十五歲，很怕別人對我說負面的事，已沒有傾聽度量，甚至連一切心理勵志書也看不下去。

扶輪社的謝玲玲沒有很多兄弟姊妹，在每一個階段她都搜尋一個學習、遵循的對象。因為她體會：不是只有年輕人會茫然！我們仍需要點悟。

我的同學鄰居陳小玉，認養的孤兒院兒童，如今已在義大利上大學，因為入學需要出生證明，領養家庭不得不告訴大學生身世，也經歷這次輾轉，領養的孩子和小玉空中相見，書信語音照片往返，小玉善念本無求回報，現在突有「海外親人」落實善緣，滿心歡喜。

心理勵志論，對思想獨立的性靈，並不是什麼不得了的寶典，他們天生懂得：生活本身就擁有包含人文與科學的植入晶片，很多內容會有一定的反芻模式。然而，人終究不是精準的機器，經驗和行為未必能合而為一。

不過，他人的勵志，只是用於提醒我們看到死角暗處、讓我們突然茅塞頓開，後續而來的強大心悟與醒悟，其實端賴自己的自勵火候。

自勵，是對自己鼓舞的信心喊話。

自勵，是比勵志還厲害的能力與能量。

打開自我鼓勵的GPS

孤單，可以是蓄意的選擇。

孤單，也常常是被迫的遭遇。

孤單和寂寞，多半是心理狀態而非實際狀況。

如果這樣的內在欠缺困擾著自己，也許在人際社交的溫暖之外，還有更多更好的選擇與安排，等待你一一去開發。

孤單不屬於失意者的專利，很多錢權財繫於一身的人也會倉皇無所寄託。**如果我們感覺不到溫暖，我們可以放送溫暖**。只要願意為他人加柴點火，熊熊映照的施受雙方都會紅光滿面，口角春風。

好朋友不一定是一個「人」。

排遣時間、振作精神、找到寄託、自我對話……，這些方式無所不在，只要肯投入，就會撞擊忽略掉的繽紛。

沒有花圃空間，也可以有小小盆栽裝飾，浴室層架、客廳茶几上一朵紅一抹綠，真的可以讓日子的顏色豔麗中不失優雅。

沒有藏書，也該有幾本可以翻閱的閒書，用螢光筆畫下喜歡的句子，重複閱讀後，會發現自己和欣賞的境界合而為一了。

一隻貓或一隻狗，可以提升感情的溫度，開始是牠需要你，後來才知道，你需要牠更多。在需要與被需要之間，獨居的人再也不孤單寂寞。

電影是不能放棄的生活項目，只要能吸收到一場戲、一句對白，很可能就改變枯燥的生活認知。

樂器、繪畫、釣魚、舞蹈，到底難不難？好多人都在大齡近老齡時開始學習，然後就有能力展示作品，人的潛力在職場以外的地方，往往是帶來美好意外的大礦脈。

太多的豐富，已不是好吃好喝好熱鬧，而是自由自在自得意，不要以為這是老之將至的修為，這實在是人生顛覆中不問年齡際遇，都要及早培養的心性。

挫折時，任誰都需要外力支持、他人鼓勵，但是如果把自勵自誨當作孤島求生，那麼，遇到再大的困難，低頭彎腰過渡期只是畜養挺立的實力，沒什麼好怕的。**別人教你怎麼做，是助力，自己決定怎麼做才是定力；自勵是心中羅盤，不迷路就不會糊塗。**

這些擔心都是愛

「暴露」在網路上好像是新興人類的「驕傲」，點閱率很高。

這種不可思議的流行風氣，讓我想到四年級生可憐的當年，在高中大學階段，大概沒有一個女學生不被「露鳥族」嚇得魂飛魄散。

奔逃現場時，不是掉了鞋子，就是甩了書包，有的還撲倒在小弄小巷小徑，摔傷膝蓋跟額頭……。

去年離世的早年知名作家丹扉姐，在三十年前就寫過一篇有關露鳥族的文章。

她說：清早，眾女士齊去散步，回程遇到穿風衣男子，走到近距離，他突然敞開風衣，整個人瞬間光溜溜；但是他倒楣，忘記年過五十的大嬸本來就見怪不怪，加上人多勢眾，誰怕你的鳥呀！

女漢子們毫不迴避，自動調整隊伍，抱著雙臂一字排開，像機器戰警一樣對他全身掃描，再自動聚焦他展示的特定部位……。結果，鳥爺被嚇得抱頭鼠竄。

那時還是少女的我，看到這篇文章得到很大安慰，覺得丹扉姐率領的紅粉兵團幫我們出了一口氣。

時代更迭下的各自表述

某日坐公車，車上就我一人，我突然無聊想到以前就遇到過這麼一樁事。我的學生時期，在獨坐公車時，總覺得右側有閃動閃動的餘光干擾我，我很自然朝右瞥了一眼，原來右邊座位上的那位在「玩自己」，椅背的屏障，保護他不被司機發現。

人家我當時可是「幼齒嫩女」，當然被驚嚇得花容失色，這表情與反應，就是他期待的效果吧，難免四目交接時，我還看到他對我猥瑣的笑。

當時我能做的，就是自己站起來換到最靠近司機的位子求庇護。如果現在發生，我會說：老哥，先把褲子穿好再到警察局聊聊，而且聲音一定要大的讓司機先生聽到。

疫情前每輛公車上掛著警示牌子：遇到性騷擾，請吹口哨（那個公用口哨有人敢用嗎？）或說：遇到性騷擾請告知司機（會扭送法辦喔）。

以前的暴露狂是找暗摸摸、只有女學生經過的路徑做單人表演，目的在「嚇人」，欣賞小女孩被自己驚嚇的樣子。

現在的露鳥俠跟過去完全不同，一定會事先公告天下，諸如：我輸了就裸體奔跑、票房達到多少我就裸體答謝、反對或支持某項運動千人裸奔……，本來只在茅房、臥房用上的配件，現在也擴大使用功能與範圍，人類創意日新月異，逗樂自己顯而易見，逗樂別人？倒也未必！

手機的使用須知

手機的發達，讓很多道德規範轉型，我們撿優點的部分來說，以進行保護學習。手機是怎樣的保護裝備？

一、遇到鳥人再也不要畏懼，只要有兩人以上，拿出手機就拍，別拍特寫喔，一定要拍七分身，就是器官與五官要同框。

但是這樣證據確鑿，也會讓你陷入另外的危險，因而盡量是在兩人以上的陣容下才出擊。一人落單比較危險，別蒐證了，先脫離現場求安全。

爸媽要求兒女夜間早點回家不是沒有道理的，雖然路上很安全，但是夜行人卻未必安全，而且越夜越心慌慌、鬼幢幢。

在家以外的空間，以前比較危險？還是現在比較危險？其實這不能相提並論，只是孩子在外的安全，都是爸媽年歲經歷過的，如果他們叮嚀「不要太晚回家」，不是約束管束與控制掌權，這些擔心都是愛，不是神經病。

二、除非是合法夫妻，即使你愛他入骨，也絕對不要讓對方拍你的裸照，記住，凡拍過必留痕跡。

合法夫妻就可以？嗯！裸照流出的動機不外乎報復、懲罰、洩恨、毀譽，正常夫妻有這種行為的到還真是前所未聞。

好不容易奮鬥出成績的好演員，常常毀在一張往事舊照中。網路的「起底」、「肉搜」好功夫，有時可以救人，有時也可殺人。

三、美國警察教授自我防衛影片裡，直接示範手機可當作自衛攻擊武器：用手機邊角砸壞人的天靈蓋、攻擊他的眼睛、立刻拍他的相片（來不及傳輸也有遏止作用）、撥打任何朋友電話轉述現場壞蛋的特徵（他聽到應該會落跑）。

四、不是熟透透的朋友，別在手機上亂開無厘頭玩笑。

文字並不是好駕馭的工具，同樣一句話，可以解讀「癡情」，可以怪罪「絕情」，可以誤你「挑逗」，可以瞎傳「緋聞」。

尤其別和朋友的配偶胡說八道，不管「密度」的間距感、不管「蜜度」的含糖量，都很容易導致擦槍走火，連不存在的猜測都會讓另一關鍵人不舒適，幹嘛要製造這樣多餘的紛擾？

五、手機要上密碼，免得遺失同時，也讓私人或家中重要密碼外流。但是，手機密碼可以讓誰知道呢？共享密碼算不算保護彼此的信任？

同意告知家人愛人自己的手機帳號密碼，在現代社會往往被評議為侵犯隱私，我真的不這麼認為。

我從不曾翻閱配偶手機，也從不記得對方的手機密碼，但是如果有一天我要看他手機卻受到拒絕的話，我就會「預設立場」：你防我？那我就躲你，趕快拆夥最好。

當然，我這是小戶人家的小心眼，也許很多大人物，真的有很多公私領域都有必須保留的道理。

優雅不是唯一的高貴

嘴不說幹話，事不說謊話，心不說誑話，氣不說急話……，這樣的你，已經夠優雅了。

食不顯擺霸氣，衣不顯擺華麗，住不顯擺財氣，行不顯擺闊氣……，這樣的你，也夠優雅了。

優雅是少入中年、壯入老年兩階段最高氣質指標。

但是，優雅這一個漂亮字詞，太形式化，太規格化，而且常常以「有圖有真相」來配合舉證，說的貼切點，如果容貌不佳、身形不美、皮膚不得天獨厚、穿著不具特色……，其實沒有多少人能跨過優雅族的基本門檻。

「優雅」是已經被推崇的經典氣質，不容置疑，不容推翻，但我覺得優雅太貴族化、太菁英化、太企業領袖化，他們總是優秀居高。

優雅是由外顯內的氣質，知識智慧獨特性是最大的支撐樑柱，對自己的起坐進退滿是從容。

敦厚質樸、經學慈悲、己貧助困、樂善好施，他們平凡篤實，庶民素人為良，他們是優質人性的典範。

優質是由內而外的氣度，靠大量的真善美本質匯聚，有嘉惠他人的個性本質。

社會階層是由三角形金字塔結構組成。

社會風氣，或許是被金字塔頂端的人設計操縱規劃左右，但社會善良，卻很可能是三角形攔腰以下的普羅大眾凝聚出來的氛圍，我們不要只仰望優雅，我們要渴望優質。

質蘊於內，形顯於外，這樣的綜合才能靠近優雅讚譽。

如果內在空洞，難免美的俗豔。如果外在過庸，難免淹沒深度，由是可知，優雅並不是易得的光芒。

把優雅的標準平民化一點，讓美感通俗而不庸俗豈不更好？

平民的優雅不必走明星路線，只要走良民路線。

一、就算喜歡倡導孤獨是絕美人生，若要出門，不妨從容自在、平易近人，只要守禮應對，就是品在自己。

不要誤會言行友好是一種討好，不要把歡迎的情懷看成是一種逢迎，人不可時時活在懷疑動機的自律中，只要活在以正為心的自律即可。

二、言語之間多多舉例善行，觀照自己，不需謙虛，實說就好；論及他人，衷心表述，傳遞美好。

哪有這麼多好話好事可說？沒關係，無話可說，就用閱讀心得談近況，書、電影、路上故事，都可以讓自己說出金句的感受。

三、如果不知道「因為」的真相，何必批判他人「所以」的現況？

以自己為話題時，除了不要訴苦，也不要有太多的「慣性自責」，所有的錯只要努力修正就好，不用一再強調自責，那會洗掉悔改的感動。

有人說：不能訴苦？那交朋友是幹嘛的？酒肉之歡嗎？報喜不報憂嗎？

不要這麼兩極，我們可以學著給自己合乎情理的規範。
四、十指空空，不穿金，不戴銀，一樣能在相聚的時候廣受歡迎。
你愛自己？那就收起愁容。
你愛自己？記得鋒芒無刺。
你愛自己？話裡不含煙火。

溫和的本身就是優雅。
愛自己的同時也顧及他人同悅，不會相互牴觸。
優雅沒有樣版，在富人的高貴氣質中，優雅是很奢侈的裝備，至於我們？乾乾淨淨的輕鬆自在、誠誠懇懇的含笑待人，就是等級很高的優雅！

輯三——愛的吟唱詩人

因為浪漫，每首情詩的對仗押韻都是信手捻來。
因為愛情，男孩男人、女孩女人都成了詩人。
愛，很偉大。
愛情，是超凡的偉大。
所以，在任何年紀都不要放棄「愛情」。

愛情已經發生了！

只要愛上，你就是吟唱詩人。

他出道，紅的很快，但是，活得很窮，雖然一曲稱霸，在沒有保母車帶通告的情況下，他到哪只有摩托車可騎，很自然，很單純，從來沒怕誰看清他的窮孩子底細。

突然，愛上一個女孩，哇！女孩開四輪車，雖然只是小廠牌，他還是看凸了眼睛；不是稀奇她開什麼車，是稀奇那個能開車的女孩，究竟有多大獨立性格。

她有車，他也得有車，不然怎麼追求呢？

他問：有誰想賣車嗎？我想買二手車。

公司說：有一部老貨車要汰新，可以優惠賣給你。

他盤算自己可以應付開支，就把車買下

來。這一部六萬元買的老爺貨車，他居然花了十三萬裝配音響。

在那小破車裡，車廂裡的共鳴就像露營帳篷裡百萬音響的飽滿，他以為是音樂幫他得到女孩的青睞，事實上，是六萬的寒酸和十三萬的揮灑，讓女孩看到他的性情與本質。

最好的愛情，就是發生在性格的瞬間吸引。最好的性格，不是來自心機，是來自本當如此的善良。

你可以猜猜這是哪一位現役歌手。如果猜不出來，也許，本書發表時，我可以請他現身……。

男人也有守身如玉的。

他形象百分百優質，失婚後單身許久許久。

在攝影棚裡，女生對他太示好時，聽說他不只是迴避，還會生氣呢！因為拒絕顯得不禮貌，順應顯得失分寸，這樣的左右為難，造就他絕對的一板一眼，不懂的人說他龜毛彆扭，懂得的人說他善良規矩。

挫折的感情，不管是對男人還是對女人，都需要一段長長的復原期，越乖，養傷的時間越長。

他病了，心臟病，很嚴重，又很幸運，因為復原的極徹底，整個人又像一部全新引擎。

但是孤單一人在病房時，再強的意氣風發都擋不住霎時的淚如雨下，他跟最親密的姐姐說：「病了，就看出來了，再好的人生，走到這田地，我也不過是一個有錢的孤獨老頭罷了。」

孤單的記憶，並不是發生在婚變後，而是發生在一場大病後。他自覺：我該再談戀愛，我該再有一個新家，我該再有孩子，我該重新開始我的下一段新人生。

曾經一再為他牽線遭斥的朋友，這下全活過來了，很起勁地開始為他物色佳人。

他謹慎，他認真，所有約會都守分守寸，不搪塞、不為難好意介紹的朋友，不讓自己受傷，也不讓出現的任何女子不安。

一如之前覺醒，他再談戀愛了，他再有一個新家，還有不只一個的孩子，他重新開始他的人生。

愛情很美，任何年紀都不要放棄。

我近日送給相戀的朋友一首詞，很適合用於這兩段故事的愛情意境，平常人與偶像等級的人，在愛情來時，都會有自己歡聲雷動的密語，題名如實，就是「愛情已經發生了」。

愛情已經發生了

她的舞姿以最大弧度旋轉婆娑
他的武藝以最大力度搖曳成柔
像是一尾魚一飛鳥的湖面邂逅

不經意的一觸
凝神難移
屏息
運氣
足足靜默了一個瞬間的世紀

她脫下高跟奔遠閃躲
他踢下布鞋席地而坐
天地之間沒有發出一點聲響
水鏡照映不出什麼蛛絲馬跡
但是生怕驚動對方的兩顆心知道
愛情已經發生了……

前世不曾相遇
今生免了似曾相識的搭訕
只是驚鴻一瞥的秒悟
刷出一幅貼壁巨畫
圖案裡藏著祕密的火花
他們用最大的安靜傳遞最狂的啞語

愛情已經發生了
愛情已經發生了
滾燙的回眸
寵愛的入懷
他們順其自然走進故事
四周交頭接耳報喜
愛情已經發生了
愛情已經發生了

愛情，眞好，
繼續愛，最好

戀人之間的故事起源是：你愛上一個人？還是你愛上一段愛情？

愛情對年齡沒有歧視，年齡對愛情沒有抗體，當一個人攜帶對味的言行打動對方，「愛上愛情」就讓兩個人的性靈合而爲一了。

因為浪漫，愛情很容易就粉墨登場施展魔法；因為愛情，男孩男人女孩女人都成了詩人哲人與聖人。

二十歲發生的愛情跟五十歲或八十歲發生的愛情，絕對是一樣的香甜濃郁、誠懇真切，甚至照樣會帶來坐立難安與牽腸掛肚。

看遍世間戀情的起承轉合，我總覺得：愛情的本質和體質具備天賦的品管水平，而且永遠蓋印良品標誌出廠。但，人，會不會只是

「愛情的宿主」而已？一旦宿主崩壞，愛情就會煙消雲散的離開？

人不會愛上一個人？人愛的，是另一個人所攪動出來的愛情印象？

愛情從來不會變，變的是人。

伴侶關係、婚姻關係走著走著就變調變味，可是透過分離，男女繼續追尋的仍然是想像中最純粹的愛情，那麼：「人愛的是自己」、「人愛的是愛情」，算不算合理的推論？

愛情本身是零瑕疵零缺點的，可以降伏打造愛人的模範樣貌，所以難以自禁的出現許多類似的許諾：

因為你（愛情），我希望成為一個更好的人。

是你（愛情），點亮我的世界。

有了你（愛情），我就擁有全世界。

愛情俘虜你之後，你從此要和那個代表愛情的角色持續愛情關係。然而，男人女人都只擅長和愛情跳華爾茲，卻不是真的能和諧進退的雙人舞。

於是所有完美情人都在生活裡脫漆變成俗氣渣人，其實愛情並沒有變臉，是人的喜怒哀樂一再打臉愛情，於是愛情對人失望脫逃，人又開始新的循環，繼續追求愛情，繼續斑駁愛情。

愛上愛情

愛上愛情真的好容易，因為愛情煞到任何人，都樂於給出相同的美好，讓當事人有發不完的春夢，想像不盡的歡愉。

一個異國男藝人擁有我國女藝人電話二十年，當她走出婚姻變單身，當他尚未成婚仍單身，一支老電話號碼寫下「以」「勝」「致」「奇」的愛情段子，他們幸運聯繫，他們幸運重逢，他們幸運熱戀，他們幸運婚嫁，這是現代愛情神話，而且神到離奇的地步，人人欽羨。

愛情神話一旦觸及人生，主線副線交叉編織，故事就會峰迴路轉，景色異常。浪漫劇變成推理劇，愛情戲變成恩仇錄；搶話搶戲搶公道，美感盡失，佐證偽證誓言證，聽眾嘆息。

我相信愛情，也祝福愛情。

但是，愛情本身也檢視人們的戀情，直到人們自己玩完彼此，愛情才會悵然離去。

很多人在很多次的愛情邂逅裡都重複說：「我找到真愛。」那個當下的愛情宣言絕對是真實且誠實的，只是愛情禁不起凡人庸人的糟蹋浪費，往往欣然而來敗興而去。

有些明眼人規勸失足者小心陷阱，熱戀當下的人會說：「他對我並沒有貪圖。」但是人設崩塌後，很多憤怒的聲音卻在滿街喊冤說對方是騙子。

愛情不會騙人，是人在騙人。

愛情是兩足動物最大的恩典，每個人都配得愛情，每個人也該學習瞭解：愛情在人類社會裡需要超越人性的愛護才恆久彌堅。

不是只有明星的愛情才玄妙地讓人奮不顧身，只要你在愛情中，藍領白領與黑手，都以為自己正在不轉世輪迴裡得天獨厚。

「扯」也是愛情迷人的一部分

情竇初開和暮年之愛，有一部分是沒什麼兩樣的。

那年，兩個女性朋友去義大利旅行，同行的友伴剛陷入熱戀，另一個說：「煩死人咧，走到哪裡，都要和台灣的男友通電話，讓他照Google指示教她怎麼走，六十多歲還這樣，會不會太扯？」會！「扯」就是愛情迷人的一部分，讓你隨時都想利用胡說八道的藉口聽到對方的聲音。

他突然開始找髮型師吹頭、噴香水、穿格格不入的潮服……，老哥哥們勸他莫走夜路，別對與自己兒女相同年紀的對象暈船，他怒斥：「你們懂什麼？你們忌妒什麼？你們猜忌什麼？」

拆解的反骨之言就是：你們不懂我的魅力，你們沒有我的際遇，你們不懂對方的善良……。這樣的事就算是被設計了，但是這位爺當時相信的沒錯，對他，迎面而來的就是愛情。

她失婚太久，孤單太久，偏偏手上有大把贍養費；一趟美國行，結識了一個年輕男子，返港之後，兩人日日電話纏綿，他問她：「想我嗎？」「想！」他又問她：「想看到我嗎？」「很想」。

電鈴響了，他從紐約無預警的出現在她家門前，這樣的驚喜，她能不落陷嗎？這又是愛情的本質之一，很多的版本，雖然是抄寫虛擬情節直接搬運到現實，但只要你願意入戲，所有的美好，就都是不容懷疑的。

朋友慶幸她喜迎春風之餘，仍不忘叮嚀：「好好享受甜蜜滋味，但千萬要守住白銀萬兩。」結果，這是一場極為昂貴的愛情，好在她夠堅強，至少回憶時還是魂縈不已：「他曾在機場眾人面前抱起我轉圈子，那樣的暈眩，是我永遠忘不了的快樂。」

他不富裕，雖已高齡卻因相貌堂堂，要找個好牽手過安穩日子實在不難，偏偏，他就是喜歡去紅包場看那個總是穿著禮服出場的姑娘，對方一唱歌，他就神魂顛倒，慢慢的，她的房屋車位貸款成為他的責任……，殷勤與等待到最後，他還是失去她。

這也是愛情吧？他雖感傷，卻覺得在衰老之齡遭逢一場豐富的風花雪月，是該付出一些消費代價的。

再俊美的年少也扛不起暮年的蒼蒼，但為了少齡女友，他的體格居然已經練出了六塊肌，人多時，還忍不住要玩青蛙跳炫耀能耐。

不管以後如何，至少現在，愛情，讓八十歲的好漢，成了雷神索爾，愛情，還有什麼可挑剔的？

別以為年輕人才愛的猛，六十七十八十照樣愛的狂。

老人何嘗不會愛的瘋？只是，敢承認的、內心很嚮往的，卻沒有幾個願意表態。

愛情，真好，繼續愛，最好。

請好好照顧愛情，這樣，你和你的愛人，就能長久擁有好的愛情。

愛和不愛，都先饒了自己

分手時，有一些話，男人女人真的千萬不要說，一說，就淪入渣派了。

如果你自己不是因愛而婚，那，是你對不起婚姻，是你對不起配偶，甚至也是你對不起自己。若不是說一籮筐渣話，也許還聽不出你的初心就已經是心懷鬼胎。

渣話，你聽過幾句？自己有沒有這樣說過呢？如果聽過，就不要再對這樣的人流連不去。如果說過，也該看看自己內心是不是有很汙濁的一面。

這些非常惡毒的話，能痛快神氣的徹底傷害對方，可是留下的標籤卻在張貼自己人品的敗壞。

我敢篤定說，**沒有人會因爲失去對方的愛**

而活不下去、振作不起來，但是多數人在失去愛的同時，遭遇到人性翻轉的傷害，這些不擇手段的趕盡殺絕，這些泯滅天良的漫天謊言，才是引發受創者絕命一搏的不甘心。

在這些攻防之中，善良的一方，有時會被激發出自保的野性，因為「嚥不下這口受傷又受辱的氣」，就再也顧不了、信不了、辨認不了感情可曾存在過？不惜烽火連天、玉石俱焚出兵。

對於愛不愛，我們接受世事無常、感情難料，但分手第一學，男女都該做到：別說渣話，別做渣事。

你對我有什麼用？

在婚姻裡，你預期對方有什麼用嗎？

共同養家？

共同育兒？

共同扶持艱困？

共同打造未來？

這些不就是婚姻本質嗎？

其中資源較為雄厚的一方，也許付出多一點、擔當多一點，但在精神、體力、勞力、智力上，彼此都會遵從一些默契，盡量配合平衡法則，讓不同強弱的家庭角色可以和平共享生活。

埋怨對方「無用」有二層次，一是直接否定對方的辛勞，在家庭地位上，不斷放大自己的主權並自封為王。

這樣的指責問句，如果發展到第二個層次，就更為兇狠了，他可能是發達了，他可能遇到更好的機會了，他要放棄既有的制約去接納後續的洪福，可是他不想承擔道義責任。「你對我有什麼用」就是他用來打趴阻擋他的人，讓阻擋者自慚行穢，讓阻擋者無地自容，也大力鼓舞自己從容就「異」，捨你，他無須言謝，棄你，他毫無虧欠。

我從來沒有愛過你！

不管因緣何來，用「我從來沒有愛過你」做一切都該結束的理由，真的是渣到透透。

愛的發生，總是有對象，總是有感受，如果不是因為愛而要了他，請問，你是拿自己的什麼來交換什麼呢？

愛情自由心證，婚姻良莠有因，鞏固或推翻的時候，如果徹底否定對方，無疑就是暴露自己具有黑暗的意圖。

也許，真的有很多人，分不清他的選擇是喜歡還是愛？然後有一天突然回過神，覺得自己有了嶄新的情感認知，那麼恭喜你準備忠於自己，重啟生活，可是，在處理過往關係時，能不能不要太粗糙、太孤情寡義？

跟你在一起，我沒有快樂過……

你心心念念的始終是「最愛」，這最愛，包括一時不得愛慕的人，也包括追求名利權利的野心，但是你能力所及，只能網著願意為你春蠶到死絲方盡「有階段性任務的人」。如果這是你的選擇，不管你勉為其難的理由是什麼，只有你自己心知肚明你的布局，上場代打的任何人，真的都是莫名其妙的羔羊。

為什麼戲劇裡出現荒謬的愛情情節，都會把年代設定在民初或更久遠的朝代？因為生在現代，既沒有賣身葬父，也沒有公主強徵駙馬爺，誰會遇到不可違逆的強迫婚姻或感情？如果有，也是賣油郎獨佔花魁女，千金愛上窮小子的喜劇。

婚姻或感情路，有時是走到一半，發現同伴不搭、迷途不安，以致疲憊、以致不得不分道揚鑣，各自重新啟程。

上路的時候，結伴兩人互有期盼，開始不快樂了，走到這裡，分手在這裡，夠了，別再說我從來沒有在前面的旅途中得到快樂。

愛和不愛，都要有分手的良知與勇氣，作爲一個被動失婚者，放他，是饒了自己。

你根本配不上我！

一起求學，一起求職，一起進社會，兩個人所有條件相當，一切都從幸福開始起步。

但是其中一個為了讓對方沒有後顧之憂（不一定是女性犧牲喔），就收斂自己的光芒、斬斷自己的野心，從此就算沒做到良臣佐國，也不遺餘力做到隨伺在側。日子久了，一對兩人，會不會出現程度上的落差，以及社會地位的懸殊？

如果，萬丈光芒的一方，不把身旁的賢良伴侶提拉到跟自己平行的位子，別人很可能把重要的伴侶誤判成不得不攜帶的便當，因循到最後，周圍簇擁有成就的一方，忽略居於追隨的角色，這就是社會炎涼現實的一面。

有些伴侶安於無聲，但就算無聲，他還是家裡的「備位元首」，只要大頭目不欺負他，任何人也不會有異議，相安無事並不難。

怕就怕一旦有外力磁場介入時，家裡的指南針就全部作廢，東南西北天地茫茫。

在外面叱吒風雲的一個，一般狀況也可以遷就守在家裡毫不出色的一個，但是定力遇到吸引力動搖時，外面的自由就勢必升級為全面自由。

搖晃的感情本來就會走上離異的局面，如果變心變節是主因，求去者大可自羞「我配不上你」，千萬不要認為這個結束是因為「你配不上我」。

所有的從一而終，在崇尚自我的年代，都一再出現奉行困難，我們得承認，不管是道德上或道義上的忠實，都已經重新解釋與定義。不管男人或女人，大可根據自己的感受做自主選擇，因為情感結構的定義在改變，人我關係已不得不承認：彼此都已不容易委屈求全，彼此也實在不需要在短短生命歷程裡，一熬再熬卻只剩委曲求全。

不合則分是會日益增多的案例，所以好聚好散，也成為必須應對的範例。平靜鎮靜安靜的分手？好像沒聽過！好在劇痛之後卻安然成長的實例卻很多，顯然，**不好的情愛關係遠不如一個人的獨立自主，哪怕有點孤單，也可以孤單的毫不萎靡。**

輯四——

家庭劇院

家，是人生裡最重複的場景，
我們身處其中，可能入戲太深，也可能早就出戲卻不自知。
不論血親與姻親，都是家人，
不要時刻惦記著自己付出的兩三事，
要記得，也要感恩對方給自己帶來的美好。

三館兩廳，好家的格局

只有對家友愛，才能成為自己最好的朋友。不管豪宅還是一般寓宅，不管人口多還是獨居，不管擁擠還是寬敞，一個稱之為「家」的空間，不問大小，為了生活品質，都應該具備三館兩廳的功能。

這三館是旅館、飯館、圖書館；這兩廳是音樂廳、交誼廳。

一館，家是旅館

「你把家當旅館？」這句話是媽媽責備兒子，太太奚落先生的話。

沒錯，家就是旅館，再忙再累、再瘋再樂，即使通宵達旦，最後還是要回家睡覺，所以，形容家是旅館，很當然。

但是，如果一個家只有旅館的作用，可能在喝瓶冷冰冰瓶裝水、嘩啦啦洗個澡和沖下馬桶這三件事之後，就完全找不到家的溫度與精神補給品；剩下的就是斜躺在床上滑手機、打遊戲，就算家裡有人、就算自己住的是三房兩廳，你跟家人不互動，不聊天，甚至也不在乎其他家人回來沒有？這樣的家就「太沒意思」了。

也許在關鍵時刻家人的關心都會釋放出來，然而，我們怎麼都得等到身體欠安或遇到難題時，才懂得問候照顧呢？這樣的相愛，簡直就像一種詛咒，好像一定要用某一種倒楣換取另一種關注。

家的確是旅館，旅店酒店都會希望客人「賓至如歸」，為什麼？因為投宿如回家是最舒服的狀態。

把家當旅館是很多人都已經在沿襲的生活模式，沒有絕對的不好，但是你真的可以在其他配套下，讓這個旅館更好。

二館，家是飯館

病從口入，一點不假。

我一對朋友伉儷，兩年前，妻子診斷出血癌，她尚未出院，丈夫也跟著相同科別發病，雖然他們都得到骨髓移植，但妻子沒能撐下來，先生現在的狀況是日日奮鬥、天天進步中。

先生告訴我，兩人家族都沒有出現過相同病史，最後反覆篩檢生活習慣，驚覺夫妻二人從不居家開火，十多年的外食，讓他相信沒有一天停止過劣質油的攝取。

另一個長輩姊姊，以為只是牙疼，結果篩出口腔癌，切片報告顯示壞細胞之外，同時含有很多黃麴毒素，經問診歸納，得知她喜吃瓜子，不但嗜吃各類瓜子，而且能一天猛嗑一斤半斤，常常吃到破嘴皮。

瓜子，沒有問題，瓜子皮，則沒有沒問題的，因為所有口味都可能經過化學物質處理。

家是飯館，也必須是飯館。

一星期當中，總要有幾天自己烹食，如果家人多，伙食錢可以省很多，家人少，更簡單，就把自己在家備食視為洗腸、洗胃、洗血管。

能坐在家裡餐桌上吃晚餐，是家庭美滿的指標。

現在只有極少數的家庭，兩代共用晚餐，他們不用手機電視下飯，他們把一家人在一天當中唯一可以共處的重要時光，點燃溫馨。

家是飯館，每一餐帶動的都是身心健康。

三館，家是圖書館

一本書兩百五十元至五百元不等，有人覺得帶來的是物超所值，有人覺得實在買不下手，沒關係，你可以只親近閱讀不發生費用，我的朋友當中有很多迄今仍到圖書館借書。

我的書友梁紹典已經近八十歲，她看完電影《臥虎藏龍》之後，看原著，看完原著，又到圖書館借《臥虎藏龍之後傳》，這本後傳是寫玉嬌龍（章子怡飾演）和羅小虎（張震飾演）生了個兒子的故事，梁紹典在一段車程裡兜著情節說完始末，讓我領教素人說書的本事。

手機讓大家只能依靠造字寫文，脫離手機，好多字的筆劃都分不清。每個人的家都該有個小小圖書館，如果沒有書，至少也該有字典辭海這樣的工具書吧？

書，就是話題，書的話題也是家人溝通或瞭解的助力，只會讓彼此同上一層樓，不會讓彼此心火上心頭。

一廳，家是音樂廳

在家的所有時間，不要忘記讓音樂揚起。

不管懂不懂，任何類型的音樂都會帶給你心靈的輕鬆，人家的千萬音響是極致享受，你的千元音響也是即時享樂。

在家聽音樂，避免戴耳機，久了，還是會對聽力造成傷害。而且，當自己在空間走動時，音樂的忽遠忽近，也會有她的氛圍。

我曾經有一張ＣＤ重複聽一整年的經驗，告訴你無妨，是環球唱片發行的劉文正金曲精選，那時唱片沒有標註發行日期，我是在六十五歲翻出舊ＣＤ才加倍驚奇：天啊！劉文正唱歌怎麼會這麼這麼好聽，就算不看歌詞，也沒有一個字不是清晰到讓我可以聽寫或默寫的，我覺得這也是一種超厲害的功力呀！

音樂有多好？像我那不做聲的先生，如果突然哼起一首歌，雖然疙疙瘩瘩毫不順暢，我還是會被逗笑，因為這時我會感染到他的喜樂。

家裡有人，你當他的音樂，把快意傳染給他，如果只有自己一個人，就做自己的音響，唱歌給自己聽吧！

二廳，家是交誼廳

中年交際喝啤酒與喝紅酒。

壯年飯局喝威士忌白蘭地陳年高粱。

微老懂得珍貴，開始喝藏酒原酒限量酒。

台灣喝酒文化很野，常常看得很不忍心，豪客黃金萬兩花的面不改色是個人風格，那樣的誠懇與任性的確一晚能說一輩子，但是幾十年的神釀就這麼咕嚕咕嚕的沒了……。

茗茶如酩酒，好茶好酒和好友分享，在家裡慢慢說茶說酒的故事再佐以友誼品嚐，除了豪氣，還有詩意與美感。

品酒是品知識，拚酒是拚事業，不同的年齡、不同的財力，有不同的選擇。

酒文化之外，家庭聚會裡有一點圍棋、象棋、跳棋、橋牌、拱豬、大老二、妞妞、十三支，這些中西桌遊的小小籌碼所計算的輸贏也可助興，一個朋友一旦成為「家庭朋友」，深度馬上就會不一樣，所以，讓你入心的朋友，別忘了讓他也能入得你家廳堂。

三館兩廳都和我們生活有著共生關係，有些，只是我們自己身影的左右搖擺，有時是我們跟家人的緊密互動，有時是我們跟特殊朋友的空間相處，這三者無非是想把「家」的功能經營出更好的舒適度，少部分的對外敞開，不是隱私的外露，是為了在親情和自我之外，把一些友情安置在比較深刻豐富一點的位子。同時，我們要成為自己最好的朋友。

如果不能心滿意足，也別灰頭土臉

「家庭不是宮廷」，容不得鶯鶯燕燕穿梭其中，就算行為能力再好，金屋藏嬌總是會遭負評公審的。

如果你的身體始終見獵心喜蠢蠢欲動、如果你的心思總是喜新厭舊難以安定，那麼婚姻裡的忠實、分享、承擔等必然道德約定，勢必阻撓你過騰雲駕霧處處留情的風流日子，「不婚」是保全自己的最好選擇。

創作歌手比戲劇演員更容易掉進不忠實陷阱，我曾聽某一個他傾訴：「如果每天躺在同一個女人身邊，怎麼寫得出新歌？」

這個理由女性也許嗤之以鼻，但是從人性角度來看，似乎言之有理，因為許多創作者一旦進入行政執行工作，真的就再也寫不出膾炙人口的作品。

自古才子皆風流，「我愛你，但是我必須依靠別的刺激擴張我的靈感」，這樣誠實的告白既然脫離道德，那就不要挑戰道德，堅定堅持做一個單身族；不進入婚姻，至少可以迴避約定成俗的仁義鑑定。

堅持除籍

婚姻受難者怎樣下台一鞠躬才能將傷痛減到最低？

愛他嗎？那就成全他。

嫌他嗎？趁機不留痕跡地甩了他。

最怕死纏爛打，最怕虛耗度日。

實例：她錯過告發期限，惡夫公然攜新歡同居十多年卻又不同意結束婚姻，她背著人妻頭銜，不能交朋友，不能選擇雙人生活。

所以，不管男眷女眷，只要出軌，就必須快刀斬亂麻，先了斷，再重生，如果一時迷亂，只要情若未絕，自然會重新找到共生之道，與同一對象二婚還是很美的浪漫。

總之，「抓到」就要了斷，絕不可以原地挨打，錯失翻轉黃金期，後患無窮；但態度上保持且戰且走的彈性，重新洗牌再建關係也並非不可能。

易科罰金

只要有共同的孩子，當然必須取得孩子的教育基金。

此外，不管你自己有沒有獨立經濟能力，別客氣，你要打包各種名目的加總金額。利用金銀房契補帖敷傷，的確有神奇療效，即便拿去捐助公益團體，也做個功德、圖個暢快。

實例：有一機長男子遇到「真愛」，妻子不放，他不惜自提淨身出戶，得到自由後，年齡小他一輪的「真愛」看到「淨身機長」頓失崇拜眼神，他落魄求返，「老妻」大度接納，從此安分至今。

窮寇莫追

感情會濃轉淡、深變淺、熱趨冷，本就是人類本性的一部分，不是所有人都有愛情抗衰老的基因或自癒力，**「不愛」和「愛」有一個相同本質，就是收與放的突如其來，往往是當事人都無能爲力的熱烈或冰冷**。

所以，當我發現你不愛我時，我沒有責備你，而且多年之後，我加倍懂了、加倍透徹了，是我們背叛愛情，所以被愛情拋棄，並不是世人的結論：一個人背叛了另一個人。

但是，愛情離開之後，自由一方願意盡量滿足受傷一方的條件，仍是可取的情義態度，不管得之不易還是手到擒來，感情受委屈的弱勢一旦換位強勢，站在制高點的當下，請不要對背棄你的人含恨趕盡殺絕；尤其有子女的怨偶，孩子的身心健康是兩個家長的共同責任。

縮短戰線，免於自傷

一段感情或一個婚姻遇到暗礁、飆起風暴，難免會有「相關人等」、「相關事件」的牽連。

把客串演出或龍套臨演一個一個揪出示眾，究竟有沒有必要？這些舉證目的，無非是為了出一口怨氣，順便教訓一些打攪他人婚姻的惡女；但是，惡女未必是惡女，惡女未必沒有難言之痛，指名對象來為自己破碎婚姻陪葬，有些粗魯；因為虧欠妳的只有妳的另一半，其他的過客，只需對他們自己的選擇負責。

婚變到最後風平浪靜時，所有犀利的指責，會成為唯一的文字紀念碑。凌厲劍花揮舞出來的畫面，在某些角度來看，很像一面告示牌、警示牌、懲戒條款，未來想透過愛來穿越這層高壓電網的示愛者，可能會驚嚇在：不冒險的最基本方法就是不要靠近曾失婚的你。

所以「戰後重建」是艱鉅重大的必要修復，其中尤以孩子的心理層面為主要調配重點。

不要讓孩子在父母之間選邊站。

不要讓孩子輕視自己的生身之人。

不要讓孩子背負無錯而卑的情緒。

多參與親子教育活動，以雙倍的關愛助他挺立，廣結善緣，力斷耳語傷害或謠言霸凌。

愛到深處無怨尤不是正常人能做到的，只是，當火山噴發熔岩降溫後，把後遺症的負面影響降低，的確是離異兩造都該協議盡力的新關係。

「慷慨」以對，是消氣滅火的有效方式，但是如果是面對無理剝削，那縱然受到輿論群起攻之，這樣的「唯一死刑」也可能再掀玉石俱焚戰況。

以財產分配取得落幕儀式後，請不要繼續做亡命追殺。輸贏都忌逼迫對方成為搏命困獸。

特別備註：女性並非失婚的唯一受傷者，以上觀點適用男女兩性參考。

愛情，從單戀進階到相戀，不一定會天地圓滿，但，愛情，如果再從相戀降溫到苦戀，那肯定暗無天日，所以，歹戲勿拖棚。

他（她）要「出走」，你就「走出」。

他（她）要變，隨他（她）變。

愛不能讓我們心滿意足，至少，也別讓我們灰頭土臉。

愛不能讓我們人生輕盈，至少，我們可以不要作繭自縛。

如果穿著鉛鞋不能練就輕功，那就打赤腳吧！這樣反而有能力草上飛。

最愛你的孩子，你要給他最多

老年晚景，最怕繞膝子女貪念生猛，不但不照顧父母，還急於掌權握財，他們除了跟親兄弟鬩牆在所不惜，還在生活上虐養父母、控制帳戶、強迫轉產，有這樣生吞活剝的子女，真的比沒有子女還受欺凌。

在老而未很老，還具備獨自生活能力的時候，就要進行安全規劃。

我們都希望也相信：你愛親人，親人也愛你，這樣相親相愛的未來之路，一定都皆大歡喜。但願如此，但願如此。

可惜，但願如此不等於一定如此。

家庭裡，愛的三種面向

一是上一代愛下一代，父母對子女乃至兒孫無悔的付出。

一是下一代對上一代的孝順奉養，子女的噓寒問暖無微不至，服侍病痛沒有怨尤不耐。

一是手足平行關係的真心維持，各自守分，各自盡責，彼此分享，彼此照應。

這樣的家庭倫理，真的是最理想的依靠，但是為什麼家庭倫理的負面故事越來越多呢？

很遺憾，歲月流失，人會老，人會病，我們又身處在老人化社會，很多被照顧者要成為照顧者的角色時，因為負擔、因為疲憊、因為貪婪，現實狀況會讓一個人的善良標準也變得現實、無情、苛薄。

沒有甜蜜負擔這回事，即使有，也維持不長，對老人尤其如此；是以，對能夠持續善良的家人，當事人要心裡有數，要懂得如何「分配」謝意，擅長分配也是讓自己安全的方式之一。

為了不讓電視劇裡的「瞎掰」在自家上演，「多愛自己」成為必要的求生本能。**多愛自己很必須，但「只」愛自己又顯得空蕩蕩。**

到底要怎樣，才能在又愛自己又不是只愛自己的自私裡，平衡與享受愛的互動，降低從愛出發又避走風險的意外呢？

老之前，一定要告誡自己別犯這幾種錯：

別讓遠方孝子專美於前

華人家庭，這樣的父母特別多！留守在身邊緊密照顧自己的子女或手足，不管何其體貼，可能都最容易遭嫌，因為人性總是對百密一「疏」印象深刻，也很容易誤會最願意照顧自己的人最有所圖，對於身在天涯海角偶來探望只出嘴不出力的孩子，反而百般欣喜，多所嘉許。

遠香近臭的家庭風氣很常見啊！

我始終覺得，貼身照顧才是最大的辛苦，如果遇到主動的、心甘情願的照顧，還能充滿溫情的品質，那真是天給的福報。

經濟支持，給的是量力而為。

安慰，給的是每日一善。

隨傳隨到，給的是忠實誠懇。

但是，貼身照顧，日復一日，盡心關注，知冷知熱，這樣的人，不論是父母上對下，還是子女下對上，都是付出自己的人生來打造對親人的愛，有時，他也會有一點情緒，有時他也會有一點牢騷，但允許他的起伏，讓子彈飛一下的同時問自己：遇到任何危急狀況，有人比他可靠嗎？

現在的飯局，主人小費給在開餐前，就是讓雙方達成「論賞行功」的服務默契；但家人不是服務員，如果家庭成員出現論賞行功的態度，對這樣的家人一定要保持觀察，至於始終是品質優先的家人，就要堅定的「論功行賞」。

同樣是家人，我們不能不清楚分辨誰的真心誠心善心較高，如果一視同仁，就是我們不知好歹。

在孩子成長的過程，做父母的，有一個，愛一個，有兩個，愛兩個，因為青年壯年的你有能力給他們等值等量的愛，但是長大的樹各有形狀，有的能為你擋風遮雨，有的只為你引來天火。

對孩子，我們不會感情勒索，但是我們要明察秋毫，當遇到人生後半場的種種挑戰時，哪個孩子會像當初我們對他們那樣的抱上抱下？

愛你多、付出多的孩子，你就是要給的多、謝的多，如果把均分當作是公平，那就真的老糊塗了。

先愛最愛你的孩子，管他是男是女

現在是二〇二三年，重男輕女依然存在。

富可敵國企業家族，因為牽扯到王國興衰與經營主權，這樣的性別角力，迄今難解。

但是過於龐大的富貴離我們很遙遠，我們只要省察自己最熟悉的一般家庭就好。

照顧爸媽的總是女兒居多，如果這是女性較溫婉善解人意使然，當然也很應該，但是，如果責任都落在女孩身上，為什麼很簡單的家財還是優先分配給兒子？

我不贊成均分式的分產，也認為行孝品質好的孩子該得到較多的遺物，但用性別做為孩子繼承遺產的分配標準，為什麼是高智慧東方文化中始終放不下的偏見？

說個笑話，跟別人姓氏的外孫女一定是你家的血脈，到是跟著你姓氏的孫子，還有可能出現其他意外。（腦筋急轉彎，想想為什麼？）

這個虛擬笑話是比擬現實人生中，女兒與媳婦才能主控血脈關連的純度，千萬要看重女性在家庭裡的影響力。

財產繼承，親密承諾也需要書面認證

銀行推動個人信託基金的初起，是為了幫富裕之家合法避稅，而後演變到為小康父母尋求錢財繼承的避險。

一般家庭動產不動產有限，真正遇到大額遺產稅的比例並非很高，如果要花保管費去信託基金，在情感上會覺得多此一舉，在經濟上會覺得純屬浪費，在安全感上仍是沿襲家人最可靠的觀念；那麼至少花一點錢，找一個合格律師，照自己意願預立遺囑。

可以繼承財產的家人，首推配偶，再歸子女，而後父母，隨著下去的順位是血親手足……，這所有順序的排列，已說明誰是至親，誰是候補，不管前後輕重，基於對人性情感的可信賴與可被期待，早有法定制約：來自婚姻與血緣的關係人，都已經名列為最可靠的家人，他們理所當然是最有繼承資格的人。

把自己剩餘的遺物交給心愛的人，就是把財務換算爲最後一次感謝他的

禮物，是非常盛大的事，也許你已千交代萬交代，但是再可信的承諾仍要佐以書面的認證，不要以為「人同此心」「心同此理」，殊不知生後的風和日麗並不是那麼常見的天氣。

小時，我們繼承家教。
長時，我們繼承倫理。
壯時，我們繼承財產。

家教倫理的繼承，阻止不了財產繼承帶來的掠奪、盜產、欺老……，如此的人性，是由來已久的卑劣？還是理所當然的傳承？

同溫層的周圍，正在重複一些事。

「多愛自己一點」是本世紀的新覺醒，本來我不為這個提醒打動或深思過，甚至很懺悔人性的自私沒有底線，但是遠親近鄰的故事都貼在身邊發生，逐漸，對別人的愛莫能助，也撥亂自己對人性善惡的質疑。

上半個世紀，聽到的經歷的都是父慈子孝，兄友弟恭；下半個世紀，人類文明重入蠻荒，獵食獵人變的如此驚悚。

關於我的錢會成為你的錢，發生在生前，是贈與、是分產，發生在生後，是繼承、是遺產。

遺產就是遺產，遺產就是要給在生後。

遺產留在手上，也是給自己預留一些安全保障。

看清錢與愛的風險

錢害，錢害，有錢人有有錢人的禍害，沒錢人有沒錢人的禍害，金錢是個邪門的寶物，他可以讓人飛龍在天，受盡簇擁，也可以讓人覬覦貪婪，食人如獸。

人性的天賦中，已自然承載自保自珍自求多福，哪怕在愛別人的時候，所有的付出也都源於甘願、捨得……，相對的，快樂的記憶也無疑要透過對方的回應才能得到滿足。

在人類社會，有些愉悅不但不能僅靠自嗨，還一定要從別人身上投射回來才夠勁。

相愛的快樂同時具備奉獻的責任，生是一人，死是一人，**終將獨自上路遠行時，身邊如有幾雙緊握的手，讓不能言語的最後，依然感受到不畏懼的溫暖，這就是圓滿。**

我在的時候，與你分享，我不在的時候，任你做主，這樣的親情傳承本就是倫理之美，但是不安全的事常發生在最安全的人際領域裡，很痛心，很悲哀。

漂亮的小勤，擁有一家中港台聯合業務公關公司，在同儕之中，她專業掛頭牌，業務響叮噹，單身一人，自由自在，因擅財務管理，閒暇之餘，指導兄弟姊妹做各項投資，都大有斬獲。

小勤從獨立少女闖盪到菁英仕女，有才有貌有身家，她不是蓄意不婚，但就始終沒遇到看對眼的某人，這一人吃一人睡，半夜夢話沒人聽的日子，會有不足嗎？不會。

過五十，她終於發現了不足，但是這不足，太讓她意外。

一次家庭聚會，平行手足都帶著兒女出席，小勤既是關心也是閒話家常，就東問問姪子工作，西問問外甥成就，怎麼也想不到的對白蹦出來了，其中一個親姊妹說：「不要催逼他們好不好，他們將來接收妳的東西都用不完，現在幹嘛那麼拚？妳給他們太大壓力了。」

這一句話，讓小勤犯暈眩症長達三年。

小勤問我：「我沒婚沒夫，沒子沒女，所以我以後的一切，理所當然是他們的？」我說：「他們口誤，他們開玩笑；別操心三十年後的事。」

小勤不能不操心，她一天到晚在找讓侄甥輩做繼承人的理由。結果，一個對自己單身生活很自得滿意的人，突然對未婚的空白身分，有些灰心，相當受傷。原來她努力一輩子累積的滿庫糧草，最後，會在別人的嘴裡、心裡、荷包裡成為完全不費吹灰之力的收割。

沒帥到爆也因從事藝術工作而氣質不凡的艾德，把錢匯到美國，再千里迢迢飛去照顧高齡父母。

只為孝道，非為移民，所以艾德去美國並沒有太長遠打算，連開個帳戶都嫌麻煩，反正爸媽不在之後，他是一定要回台灣的。

艾德回到台灣，職場行情仍在，工作沒有出缺過，這邊一來薪水，那邊就有家人接應幫忙存款儲蓄。

一晃多年，世紀疫情讓艾德心生退意，他就越洋電話和家人商量，準備取回一部分儲蓄適應退休生活，再趁勢衡量日常開銷做為後續打算。但這一開口，不得了，家人像是得到防災情報，先是跟他打迷蹤拳，接著，親愛家人的聯繫管道一片混亂。艾德的積蓄集中在世上唯一親人的名下，可是在這已過半百之齡，他卻成了道道地地的孤兒。如果爸媽在，他們會坐視這個兒子的委屈不管嗎？

艾德比小勤慘，艾德直接被家人合法的打搶洗劫。

有黑就有白，有壞就有好。

親情和個人財富，也有驚世駭俗的選項。

他身價好幾個億，無父無母，沒有婚姻，曾是玩家，現在單身。看看自己戶口名簿上孤零零一人，想想血親手足又沒有一個靈光，於是，他決定安排自己作爸爸。

過程裡，他精挑細選健康基因配對，與一個同意同時簽署結婚與離婚協議的女子辦理合法婚姻，順利擁有來自親生血脈的一對雙胞胎。

他期待這一對雙胞胎是「未來的偉人」，從物質撫養到心靈教養，都是最高規格，周歲生日宴，應邀朋友雖然稱奇，卻也覺得這個父親集發明家、冒險家、夢想家、醫學家於一身，絕對可以把所有能力資源得宜運用在他的雙胞胎孩子身上，這個實驗也許在十年之後就可展現成果：在這樣環境條件下長大的孩子，將會出現什麼樣的不同。

這樣的單親家庭會不會出現母愛不足的後遺症？

他在在證明，從嬰兒期開始，他就開始調整生活習性，正式付出無盡的愛，財富只是輔助他用正確方法來健全父愛的權杖，他要讓未知的孩子成為值得的繼承人。

他理解自己不會是個好丈夫，所以放棄婚姻，但他很有機會是一個好父親，而且把這當作遠大的志向，挑戰自己，證明自己，滿足自己。

男性這麼想作爸爸，實屬少見，但是單身女子想作媽媽，就辛苦多了，就算財富自理，自由度依然受限，因為，妳就是得親身懷胎十月。

他們都是二婚，相互扶持，感情很好。

相較先生，妻子還真是年輕，所以沒想多，沒計劃，兩人海外開的帳戶都在妻子名下。她病了，雖然好好壞壞，總以為沒有大礙，沒想到一個假日突然病情直轉急下，昏迷幾天，連保險箱密碼都來不及說，他就失去了她。

很多順理成章的事，遇到錢財，就容易出現多餘關係人，這個沒有保險箱號碼的先生，迄今還沒了結應當繼承的家產，他想不明白，哪來這麼多姻親擁有妻子簽署的書面備忘錄，他的繼承，不知要折騰多久才能柳暗花明。

金錢當前，有人抬頭，有人低頭，有人錯給，有人善用，有人盲愛，有人大愛，不管怎樣，先過好自己，再顧念他人，若是行有餘力，再造福四周。

切記，別把自己放進風險中，其實我們要在乎的，從來不是多金少銀，而是在任何狀況下，能確定少了依靠，自己仍然能自給自足，無所慌張。

擁抱，
傳遞無縫接軌的愛

五十歲階段的父母，上有高堂，下有兒孫，他的倫理價值觀關係著祖孫三代的感情，有些看來像「表面文章」的祝福，其實是不可省略且極為重要的「至情表達」。其實不論長幼輩分、不論時間早晚，我們都可以為自己立下改變的座標，為自己轉運、改運、添運，不讓生活色彩黯淡。

再大的難過，都不把苦字寫在臉上

情緒是辛料，生活是爐火，每一天烹調出來的作品，不是自己火候控管講究，就一定能保持統一標準，有時難免黑了臉，傷了心，開火熄火，都不免要面對一堆失敗嘗試的煩躁，解決吧？可能心有餘而力不足，也可能力有餘而心不足。

開心做事與論情之初，哪裡想得到會有意外無趣的結局？可是日子裡的時分秒的確像醒麵糰過程，明明細節無誤，醒發效果卻會意外的一敗塗地，這些痛與挫敗，未嘗不是活著的基調？

同樣一件苦楚，不同的人有不同的承受能力，也許百分之五十要靠實力背景做支撐，但另外的百分之五十，往往是因為個性做出是否睿智的選擇。個性是人生成敗的大關鍵，其他一半真的是努力、機緣、智慧、運氣的總和。

好個性的鮮明條件之一就是苦不言苦。苦如病疣，不會傳染別人，卻會持續傳染自己，一發不可收拾，最後讓別人誤會有傳染性、危險性，造成保持距離以策安全的迴避。

所以個性爛攤子顯然是必需撤櫃的，不但不要口中嘆苦、訴苦、怨苦，連臉上也別開出苦情花，食用苦瓜可清火，滿臉苦容無人嗜。

不管何其不如意，臉上莫印苦字浮水印，要切記：好的神情可以造就自

己好的風水。

再多的靦腆，也要把愛字蹦出舌尖

和自己心愛的人在一起，不要吝於口舌讚美，不要羞於行為親暱。寵和愛，不能分家，一旦有寵無愛或有愛無寵，都會身心分離，逐漸走上淡淡之交。

當然，可能會有偏愛淡淡之交的伴侶家人，只要兩心相悅，就算是達成相安無事的共識。眼梢的多情和舌尖的溫婉，可以相輔相成最濃稠的愛慕，這是可以訓練的好情懷。

東方社會的款款深情，只用於戲劇效果的鋪陳，很少實踐在一個家庭的你我之間，對於經營這一層情愛波紋的人，反而有不以為然的取笑。天下沒有「曬恩愛」這回事，不是真正的恩愛，一曬就會「見光死」，恩愛是同氣同質同框樂。

不管是誤會還是誤解，不管是新仇還是舊恨，有時我們發現靠近對方更符合自己本意，失去卻不斷氾濫遺憾時，就讓未了情續舊緣，或讓未了緣續舊情，直到一切水落石出再決定去向。

和好容易，如初未必，且行且走，免於他日自度悲秋，悔不當初。

情義是情，情愛是情，情傷是情，情非得已更是情，天下，誰能離情而有所移動？

願意不脫逃情網，成就成全的是自己，不願意讓情網困住他人，是實踐對感情真情的認知，這都有天大地大的不凡品味。

解除的關係，不意味就是徹底死亡的關係，如果一個互相都不拒絕的擁抱，可以重啟一段舒適的未來，不妨試一試吧！

再大的落差，別讓物質矮化彼此

你的事業、你的物業、你的存摺、你的存單，能為你的美好追求買單？

還是加速你對現況棄單？

經濟獨立和經濟自由，已是獨立自由女性（其實，男性也一樣！）的最大保障，但是在情感角力的過程裡，我們一旦運用過度，這個保障就會變身成一種勢力，形成物質的氣焰唾棄相依為命的分享，最後導致凸顯人性與矮化彼此的交戰。

追求性靈和物質的百尺竿頭，並不是容易均衡的節奏，如果顧此失彼過度傾斜，可能迷失自己，進而迷散你曾經在乎的海誓山盟。

大凡與情有關的從一而終，在本世紀越來越難，因為人的壽命已是過去的倍數期限，過去相棲相守二十年就走完一生，現在如果要同生共存到最後，往往是八九十歲才撒手告別，萬一感情不佳，苦熬年份太長。

新世代，資訊爆炸，觀念爆彈，很多新理論顛覆傳統價值，這不是對錯的選擇，這是脫不了身的捲入。隨波逐流之初，也許還願意努力維護心靈成長，但過多的物質洪流，讓我們在浪濤中站不住腳，搖搖晃晃三年五載，世事教會我們屈服獨立的首選是自己手握萬金，再也不是兩人苦樂和鳴。

記住，**只有共同的進步，才有共撐的支架，貧賤夫妻百事哀不一定會造成變節，物質創造的差異化，才是更大的危險。**

如果要帶動一個家族的歡樂傳承，自己對父母的一舉一動，就是子女對自己的學習榜樣。上行得體，下效得宜。長輩平輩晚輩，輩輩都該有所做為，其中，**主動張臂擁抱是最有溫度的肢體語言，可以傳遞無縫接軌的愛意。**

我們，只有彼此

有兒顧老固然好，膝下猶虛也別惱，只要牽手過五十，能在下半場人生維持續航力，不但可以智慧經營婚姻關係中的彼此，還能「不換伴的進入第二春」，即使少了兒女承歡，照樣能自詡老爺夫人滿門吉祥。

王建煊先生因無子嗣，笑稱自己是無子西瓜，獨自照顧老妻的生活，一樣多趣自在，瀟灑無憾。

日子要過，人還要活，所有的無子西瓜在長日將盡之前，不必心存憂慮，甚至還有更多樂觀的理由。

年輕時有傳宗接代任務與傳統家庭使命，如果戶口名簿上只有夫妻二人，難免造成傷感、自責，甚至引發婚姻擺盪、危機四伏。

一旦過了「沒孩子也無損婚姻」的階段，只要他還牽著妻的手，她還倚著夫的肩，這個姻緣剩下的關係真的就以良緣居多。

老而無後，一定就會惶惶終日嗎？我的周圍，沒孩子的老夫老妻早就不是淒涼一族，他們更具備實踐執子之手安身立命的體貼。

沒有子女，這當然不是老爹老娘幸福的前題，但是，無兒無女，是不是也可能減少很多不必要的煩惱？

因為無兒可靠，在婚姻中的夫妻，很容易就警覺又自覺的培養出互動默契，凡事都容易踏上雨過天晴的自然軌道。

情感相依為命，生活相濡以沫

我不舒服，只有你能端茶倒水，你不安適，只有我願拍背捏腿。

有個帥男人，年少風流故事多，但是當他年紀漸長、調皮不動了，回家即能與妻子相安無事，他的印象：「朋友的子女，很會裁判父母的對錯，最後越搞越複雜，不敢說子女會挑撥離間父母，但是沒有智慧的審判偏差，有時讓父母陷入比外遇還危險的關係。」

於是，他得出結論：「**我們沒有孩子，我們只有彼此，如果我們不相互照顧，我們的家就是品質最差的老人院。**」

沒有孩子的老夫妻，進入中年危機的同時也會脫離撒野放肆的危機，這時會傳出外遇或其他不安分的事件相對比例較低。

日日同行天下，喜樂隨身隨心

各有空間、自享獨行的生活習慣，慢慢會被「在哪兒都是有你有我」取代，沒有子女或子女不在身邊的退休爸媽，最得意的事就是指著對方說：「煩死了，一天到晚黏著我。」

「老黏著我」，其實是老年生活最大的曬恩愛，他是她的「把拔」，她是他的「馬麻」，在兒女成群的家庭，把拔馬麻會被很多事分散注意力，但是一個家，只有夫妻角色時，他們就是彼此的孩子，心都懸在對方身上。

沒有子女的夫妻，經濟狀況通常寬裕。

想想看，養大一個孩子的基本費用少說要上千萬，沒有養兒育女的承擔，收入所得的確可以累積出一筆自然儲蓄。

對自己，簡而不苛，對他人，寬而不奢，穩固老交情，開發新朋友，想靜想鬧，始終有一幫對象供選。

別人家的兒孫，可以逗弄取樂，入門觀賞的門票，不過是益智玩具、幼童讀物，這樣，聽到爺爺奶奶的稱呼，一樣悅耳欣喜。

減少後顧之憂

一個家，富裕有富裕的散發，小康有小康的分配；但是多兄弟多姊妹的家庭，很難避免多心多疑多貪得。

動產不動產，不管家長如何的掌權，不管給子女的百分比多謹慎，兄友弟恭的倫理，往往扛不住對爸媽慈愛標準的不以為然。

沒有孩子，也沒有能倚靠的奉養，面對財務的規劃時，既不需要顧此失彼，也沒必要乾坤挪移，一切決定依序選擇簡易版，這就剔除很大很大的煩惱源。沒孩子養你，也沒孩子氣你，最好的，是不會看到骨肉相殘，兄弟鬩牆。人間悲劇，少遇一樁。

不一樣的天倫之樂，不一樣的遺憾標準

多數人都喜歡照顧「有點老又不會太老」的對象，因為這樣的老人家不會形成麻煩，通常也和藹可親的想和不期而遇的鄰居說說話，你可以把每個友善的人視作家人，他們也會把你視為自家的長輩。

只要你喜歡年輕人到家裡陪伴，就會有年輕人體貼地帶著外食來訪。而且，只要你肯開口，就會有人陪你打小牌、玩跳棋，很多非血緣的忘年之交，會漸漸產生親近感情。

「一對沒有小孩的老夫妻」是很受歡迎的鄰居模組，讓左鄰右舍覺得特別安全。這是有趣的現象。

大家族有很多政治考量，不但男孩女孩有必須的份量，還要有必須的數量，才能參與一些競爭。到是在尋常百姓、尋常家庭裡，只要自己不把沒孩子視如缺憾或遺憾，也不會有人說「好可惜，他們沒有小孩。」

世代交替的文化裡，不婚不生已是常態，這在可為而不為的年齡，到是有點暴殄天賦。

現在很多優秀女孩一直未遇良人，乾脆人工凍卵，以備他日之需。

老齡化的現在，沒孩子的人不一定會焦慮「誰來照顧我。」

沒有孩子是早年即已知曉的未來，那時，面對這樣的欠缺，會相當本能的超前布署或修復老伴關係。不要意外，沒有子女的朋友，和老伴關係反而都特別好。所以，把拔馬麻不要怕，你們相互照顧足矣。

如果沒有老伴呢？那就跟沒有子女一樣，也是天命呀！**請嘻嘻哈哈訓練自己過好每一天，不要在心情上自掘坑坑疤疤的不圓滿。**

人生是部劇情片

誰的日子沒有幾齣爛劇？

你是被迫演出？還是配合演出？

你想清楚自己的角色嗎？亂搶戲，不見得就能得到好的表現。

劇情片是最包羅萬象的類型片，我們棲身在人生這齣劇情片中，必須不時培養能力，接下每天都是熱騰騰的劇本。

劇本是熱騰騰的，但是劇情卻是不停發生、不停更新的現在進行式，眼前的所有景象，都有可能在一個讀秒中轉場，瞬間，你飛上枝頭，瞬間，你跌落冷井，幸或不幸，小悲或大喜，並不是我們研讀夠力，就能恰如其分掌握想要的情節。但是，好在，對白用的是我們自己的智慧，把必需接應的對手戲做最好的呼應是我們的功力。

我們都是家庭劇演員

日常裡我們每一個人都是家庭倫理劇的基礎陣容，其中包括婆媳劇、偶劇（不是偶像劇，是配偶劇）、手足劇、母子父女劇。上下兩代，左右血親，兩兩相衡，都是關係人。

婆媳劇的主幹，可能是悲劇題材，可能是喜劇橋段，可能是無厘頭鬧劇，可能是難以置信的荒謬劇⋯⋯。所有發生的一切，因為有很多大咖居於其中，劇情走向，就不一定是你可以定位、主導的，但是至少在事件發生的最佳時機點，你有選擇對白話語權，想怎麼說，想說什麼，都是你自己要為婚姻留下經典紀錄或踩雷敗退的機會。

你有「想」過、模擬過，自己對某些主題最好的表達內涵嗎？不管表達好壞，只要說出口的、只要表過情的，不但不會ＮＧ，而且立刻印象儲存，如果犯下嚴重失誤而想重來一次，不見得有人願意接二連三繼續配合演出了。所以跟至親的家人，表達的態度不是沒有底線的。

一部電影只有一百二十分鐘，是好戲還是壞戲？幾個影評人，可以根據幾場戲就左右口碑。

一段人生以七十五歲估算，約為六十五萬七千小時，是好人生還是壞人生？其實，已經給了我們足夠也確實可以無限翻轉的機會，更可貴的是，最後的認定，在我們自己，無關票房，無關口碑，無關獎盃。

用這樣的角度去想，如果不是倒楣到了極限，咱們誰都不該有太多的怨天怨地。

婚姻大戲怎麼演？

不管我們做得多好，婚姻，真的要靠點運氣，因為有百分之五十的應對並不能「智取」，也不能因為溫良恭儉讓做足就能換得。

如果我們無法從爛劇本裡脫穎而出，也許，我們要換個思維，從爛劇本裡脫困而出，直白說法就是：拒演、不接通告、另謀生路；套到婚姻裡的程序是：改善不得，就協商各自生活，分開，也許因而更好，也許因而更壞，總之，對每一個選擇都得自己負責。

比錯誤選擇還大的災難是：如果你已經在錯誤中苟延殘喘，卻沒有任何選擇的權利，那該怎麼辦？

有時，我們不得不借重合情合理合法的外力，協助我們脫離苦海。

「和平」和「平和」在分道揚鑣的結局上，是非常可敬的智慧，無怪乎能做到者幾稀。

在一起時，不努力互為良人，分手後，卻在乎不認識的人做何評價，人性之矛盾與捨本逐末何其獨特。以致，隔空喊話、無的放矢、強辯伏魔、搶話求勝，硬在另尋春天的起站，張貼彼此詆毀的新版羅生門，應該活得很好的新章節竟然活得如此難看。

「家庭劇院」是「人生劇展」裡最重複的場景，我們身處其中，不是沒有正反派、黑白臉的唱作，小規模的淺層失和在所難免，通常，也都是「情緒失控」導致「事件爆發」，所以讓家人「心裡舒服」「感覺很好」，可以減少很多「沒事惹事」的麻煩。更重要的，一定要努力試著養成感恩心，不要只記得自己為對方做的事，要記得對方為自己做的事。

家人包括血親與姻親，處得好，幾等親都親，處不好，真的是只管自己就好。

愛是有趣的

我早早無父無母，無子無女，好在我的孤單並沒有讓我寡情，反而讓我有餘力投擲大量的愛與資源給我的手足，當然，其中對我照顧最多的二姊，也是我戮力回報的首要對象。

爸爸很愛媽媽，也很疼媽媽，幼時，我們萬一對媽媽說話流露不耐，爸爸立刻大發雷霆；我愛姊姊，遇到孩子對媽媽說話不合「理」，我可以接受，因為願意花時間討論與理解，但如果言語失「禮」，我直說：我內心是會給你們打品性操行分數的。

就算有能力不啃老，不賴居，一般的爸媽，對待孩子沒有年齡界限，始終居於主動，給予輔助幫助的角色。即便他們已經有些老化的迂腐，他的付出還是穩健的從愛出發，連做了父母的子女婿媳都和兒孫一樣，仍在恩澤中受惠。我百般皆隨意，唯忍不得也看不起，子女對父母惡言惡相惡行對待。

生活不能給所有事情立即答案，我們要有耐心，等類似事件或翻轉事件一再出現後，才能客觀的梳理該有的結論。

我在家族裡扮演姨奶奶姑奶奶雙重角色，也許是因為自己沒有孩子，我才會把兩代關係和三代關係看得太簡單，在我觀察的實例故事中，我的印象是「上一輩照顧越多，第二代越有話說」，也許第二代也沒錯，人家已有了自己的組織，幹嘛不自己當家作主？

我很捨不得華人父母，總把自己的一生，太徹底的放在子女與子女的家庭上。遇到孝順感恩還好，遇到言語多忤逆的，我在旁邊看到都會眼睛噴火。

我在社會待人處事語多溫婉，但是在我的原生家庭，有時姊姊會說我「說話難聽」，其實，不是話說得難聽，是有些事實我講得坦白說得直接，因為，我會就著孩子對他們父母的態度調整我對自己未來的安排，我不利誘、我不威脅，我只是讓他們及早瞭解我的倫理觀念，讓他們知道我的很多取決都是根據倫理態度而來。

自由，是和諧的根本之道

除非另有特殊共識的需要，除非雙方個性能相互承讓，我認為自主小家庭的年輕人，應以獨立居住為優先，但不要忘了時時回家探望爸媽，作為長輩的父母，則要學習放手，信任孩子有能力也有權利擔任一家之主。

我第一次婚姻是在二十六歲的時候，爸爸對親家說：「什麼條件都沒有，但是希望允許他們自己居住。」

十七年婚姻結束後，現在我已屆臨七十，除了前夫不愛我，我和曾經的婆家每一成員，迄今都保持友好，我想這是兩個原生家庭的長輩都有傳統敦厚家風所致，此外，小家庭跟大家庭可以各自為政、彼此關係獨立，讓我勇於對自己的生活負責。這樣的姻親背景，單純中有彈性，是我一直主張成家孩子全面當家的理由。

我見過很好的家庭，很好的父母，很好的孩子，在多出一層婚姻關係後，彼此的適應力突然懸崖式崩盤。我們以為婚姻只會緊綳婆媳關係，事實不然，有些母子母女父子父女，也會因為孩子有了心上人，而產生微妙的失落感，如果彼此不做調整，久而久之，就可能形成寬闊的鴻溝，甚至造成陌路的遺憾。

婚後子女跟爸媽的衝突點各有感受，籠統關鍵只有一個：他們需要擁有一切自主的主權，他們對父母的指揮安排，很容易就誤解是剝奪自由。

親人間對自由尺度的界線也各有主觀，那說不清楚的感覺，充滿某一種堅定：「我很愛你，但是我不能只依照你設定的方式與條件，來過我的日子。」

等到對同樣感覺疲憊時，反應的就更直接，更不修飾：「你幹嘛什麼都要管？」

至於父母，在提供很多實質實物的支援後，格外擔心孩子受欺受騙，這樣的不安全感，讓他們把關心程式誤寫成操控慾，這也是長輩常面臨的委屈：「我什麼都為你設想周到，你不但不感念我們對你的愛，還把我當敵人對待？」

相愛的人相怨懟，真的很悲痛。

養兒方知父母恩，是一種好的認知態度，但是相對的，為母則強，有了自己孩子的小爸媽，在學習訓練自己對家庭的擔待時，會同時出現多角多元的責任勇氣，當他相信自己的同時，可能因為他很會查網取得新知，就越發不能接受上一代的觀點。

兩代之間要取得成年後的和諧，在長輩方是比較吃力的，因為他生活繁忙程度不似過往，況且孩子是他一輩子全力以赴的投資，就算沒有期待回報，在情感上的依賴還是會由弱轉強，當雙方謹守一些默契時，父母尤其要先健全自己的生活。

父母自己的生活圈

媽媽年輕時等著先生回來吃晚飯，年邁時等著兒女回來吃晚飯，你甘於這樣的自虐，子女們卻未必覺得這樣的節奏對他是美好，他的年齡正需要建立同儕的社交，如果總是惦念與父母共餐，他會沒有壓力嗎？

父母只要有自己的社交圈，孩子知道你不孤單不寂寞，他在外面的飛翔就充滿自由。

所有高齡健康父母，不要輕易終結自己的社會活動、康樂活動。

凡事化主動爲被動

如果需要爺奶幫忙照顧小孫，小家庭開口邀請時絕不拒絕，但子女無意延攬時，長輩不必搶著去做保姆。爺奶寵愛孫子輩就好，不必溺愛，也不必有過多教育，留點機會給他的父母過癮。

工作選擇有任何轉變，謝謝他願意告訴你，你可以分析利弊，但一定要他自己做決定與選擇。

太優秀的父母，有時是最強大的敵人，因爲你的小小反駁，就會讓他覺得自己一無是處。

不用罪惡感綑綁孩子

如果身家要早早轉移給孩子，轉移前，必需百分百考慮清楚；已經做了，千萬不要後悔，也不要勒索，更不要跟他討人情。

家人是親人，不是恩人，就算有恩，有何可說？他懂，他就有心，他不懂，你渴望甚至強迫他低頭說謝，其實才是真正抹殺自己的苦心，痛心的程度數以千倍。

試著學習讓他自由，在自由心境下選擇的人生路，他會對自己盡力。

完美是很恐怖的標準

有的父母，事業有成、擁有社會地位、自己又很孝順，很自然，凡事滿分就是他的標準，因為他都做到了，他也覺得自己培育的孩子一定有相同能耐；殊不知，完美的父母常常是沒有滿足點的教練，像孩子這樣的選手，很容易越學越退步，慢慢就失去了信心。

別巴望成年成婚孩子還把父母當作世界軸心，也不必以他來訪的頻率，評估他是否心眷父母。

近鄰是最好的親情距離

讓孩子住在鄰近絕對比住在一起好，這樣一來，小倆口吵架溝通都很方便。慣例，媽媽的都是子女的，子女的卻不是媽媽的。既然如此，隔個門號，隔一片牆，會讓上下兩代有很大空間，既守得住秘密，又能相互馳援。

人生這條路，不管我們是任性還是韌性，都已歷經多少次孤注一擲？贏了，繼續走，輸了，也熬過。什麼年齡的父母，都該學著和現代觀念結合，現在三十歲的他們，不可能像當年三十歲的我們，所以高齡一點的我們，也要擺脫記憶中那些高齡人的作風。我們不要緬懷早年的倫理關係，想多了，會誤會自己做錯了什麼，世界本來就是不停的在變，愛孩子愛了幾十年，何必在乎總有幾里路是崎嶇不理想的？

把孩子當朋友，把朋友當家人，把家人當親戚，把親戚當忘年之交……，沒錯，**打散每一種關係人的既定印象**，這樣，**你不會鎖著各自單一的作用功能投入期待，把自己從下一代的焦點中拔出，自己也會自由很多。**

年輕時被孩子愛，很當然，但是年紀到了，做父母也如同完成階段性任務，一旦孩子有了自己的孩子，他們的愛就會產生生物性的轉移，我們必須適應、懂得安排生活，脫離對子女的牽掛、依賴性後，還是有很多樂子可以嘗試的。

你是天敵，也是天使

十個太太坐一桌，年齡從三十歲到七十歲不等，平均約五十五歲；因為年齡不同、問題不同、大家對家裡戶長的要求、感受、期待也完全不同。

男人和丈夫一向是很耐談的話題，不需要精挑細選，就能讓七嘴八舌的靈活興起冠亞軍之爭。

先生們在一起，很愛談太太以外的女性，身心舒暢，痛快。

太太們在一起，只會談自己家的男士，淋漓盡致，痛恨。

不過，一切都別認真，痛快的不一定是真痛快，痛恨的也未必是真痛恨，所有的表象也只是天賦的性向而已。

夫妻是彼此的天敵，也是彼此的天使，狠狠的嘮叨看起來都是太太在發動，但是先生的苦苦忍耐，其實是因為懂得自己確實享受到太太不遺餘力的照顧。

持家女人的忍辱負重底線很簡單，看起來她是嚴厲的典獄長，其實，她充滿絲毫不敢怠忽的仔細，所以能問心無愧的看重自己，肯定自己的約法，男人踩到，她就不會讓步，大家的家規大同小異。

一、多交朋友多約會，多找快樂多唱歌，好太太是喜歡看到先生開開心心過日子，呼風喚雨多哥們兒的。

但是，她待你如老大，你就別俗辣，如果看到蝴蝶就恍惚，進到花叢就迷路，女人們說：對沒有定力的男人我們得有定力，換鎖上栓，非請莫入，但是，你若悔改，我也考慮大量。

二、商場講豪氣，做人競豪放，敬酒罰酒品酒拚酒，多餘多餘多餘，哪個妻子不護自己當家的身體健康？

也許你狂飲為合約，也許你舉杯為事業，但是妻子授權，凡事不要委屈求全，如果總是夜夜醉歸，她伺候完滿屋酒腥人臭，終將會下最後通牒：累垮了身體，我顧念你對家的恩情照顧你，喝垮了身體，是逐酒貪杯咎由自取，就直接送到療養院。

男人的世界，或許女人不懂，但她同意男人喝酒可舒壓已經是一種善意體貼，你別把自己弄到讓她擔心害怕的程度。

三、女人愛孩子，女人愛父母，就算離開職場在家照顧老小是自己心甘情願的選擇，但是從一開始就要把人生風險性都考量進去，因為保姆與看護的日常，都有可能造成自己與社會的脫節，萬一有一天家庭的奉獻遭到漠視，甚至演變自己沒有家庭地位，這樣的女子還有重返社會並自立更生的能力嗎？

所以，越是居家辛苦的一員（也可能是男性），越該得到財務的保障，至少有相關職等市場行情的八成薪資吧？何況她的薪水也是運用在家裡。

在婚姻和情愛關係裡，開始威風的是闊男，因為他有較大的能力製造浪漫節目讓女性迷醉；但能長走相依的是暖男，因為他禁得起倦後乏味，不容易嫌棄生活裡少了紅粉胭脂。

女人對婚姻的幸福感，其實是簡單的，她適合暖男，暖男也適合她。

暖男的各種模樣

在公司位階高權力大的男人，真的很佔便宜，他只要盡可能不應酬，晚餐回家吃，甚至偶爾脫下西裝進廚房，當他端著自己炒的菜上桌時，太太心裡小鹿驚叫：「他真性感，我真幸福。」以上不是捏造的童話，我朋友中這兩個暖男丈夫，一個任職航空公司高階，一個獨資高獲利的化工專利，他們的太太就是有很大的幸福感。

還有一種。先生喜歡打牌，太太不大喜歡這樣長時間的娛樂，先生心生一計，把太太教會打牌，原以為以後可以雙雙出征，沒想到「她的勝率比我高」，從此，他對麻將完全沒勁了。

經過新生訓練之後的她，玩得不亦樂乎，早早晚晚，都由先生接接送送；她說：「我以前約束他，他現在不約束我，真讓我不好意思。」

這，不也是一種幸福？

作為大丈夫，疼妻就是一種「君王氣勢」，會讓心愛的人引以為傲，心甘情願「伺候我的王」，但是疼愛是主動，如果只是沒有反唇相譏、處處逆來順受，並不是什麼高明態度。

疼妻不是奢侈品，不花錢，不花時間，花點心思就可以登峰造極。不吵架的夫妻關係只是「還好而已」（也可能冰凍三尺？）好的夫妻關係，通常男人顯出親密的眷戀，女人就有甜蜜的依戀，都別錯過自己天賦的優勢。

輯五——

半老朋友

老朋友，是不可以欠缺的安全感。
新朋友，是有緣自會登場的新角色。
別忘記在「半老」時候多結識「小兩輪的老伴」，
一旦我們繼續再老，也不至於徹底孤獨。

開發新的舒適圈

老友就是老伴，但是，我們好像不能只仰賴經過年資建立的感情做老伴，因為那樣的深度與厚度，已陸續在重複的話題中出現老態與感嘆。

在顧著同等資歷的關係中，讓我們試著向下扎根，多結交年輕朋友，開發眉飛色舞的欣喜，以更多的新鮮度支撐活力，調適出朋友圈的蓬勃朝氣。

在資訊通訊不發達的年代，大概相差三十歲的人才會有代溝，現在不得了，差三歲的思想落差就已經雞同鴨講了。

這兩年，我改變自己，網住天涯若比鄰的神話，結識很多小青年，在心境上充滿豐收的富庶感，這時的處處留情，是力圖調整生活上的呼應，和擴充人脈耕耘並沒有關係，汲取話題更新觀念，實在是進入壯老年紀的必須。

謝謝疫情帶來禁足慢活，以致有時間研製「臉友、書友、line 友」為「朋友」，這個「朋友」的認定，是經過我們透過簡訊交談的「試用」期。

對於用翻譯機留言的、對於直接撥打電話的、對於一開口就問你一大堆私人問題的、對於有大套神企劃的自薦說法，我覺得與「禮」不符，雖會秒回，也會秒斷。

在循序漸「近」中，我和幾個新朋友有了深交，她們，都非常特殊，讓我充滿開闢生活領域的驚喜。

半老後的朋友圈

早就沒有體力和各行各業打交道了，可是，遇到她們，她們的行業別讓我有好多想像。

我開始注意她們，是因為她們在共同書房群組裡常常大量買書，引起我的好奇。另外，則是碰運氣打開 message 看到有誠意的信件，而有了往來。

住基隆的她，不論冬夏，每天清晨坐巴士到海邊一遊，拍些海景、樹景寄給我，再留一句手寫板問候，我們，就這樣熟了。

在我有把握不冒昧的時候，我問了：「為什麼買這麼多童書、青少年書、成書？全家人看書年齡這麼寬？」她說：「童書、少年書送給附近小孩，成書才是我自己看的。」「妳是老師？」

「不是，我是做便當的。」

我到便當店裡喝過幾次茶，也邀請她去北方館晚餐，約餐那天，她穿搭的好整齊，從頭到尾都是滿滿笑容。

我們每次相見，都可以自在不歇的聊兩個多小時，這是不是很神奇？

有一天，我隨口問基隆哪裡可以買到空心磚？她說家裡有現成的，隔兩天便差人送來四塊水泥空心磚，一塊磚大概十公斤重吧？而且一看就是全新剛買的，這樣的「磚情」，讓我出奇的喜樂，不斷強化我對基隆人真誠貼心的認定。

彰化的書友也經常大量買童書，有時我會問她收書狀況，進而知道她有「一群小孩」，反正也不能盯著問清楚是自己的孩子還是怎樣，有時就寄些糖果零嘴跟家庭日用品過去。

過節前她說最近太忙，沒時間選書，我問「忙什麼？」，她答：「我幫阿姨在市場賣香菇。」哎呀！又遇到一個特殊好玩的背景，我說：「生意好嗎？我可以幫你在社區開團購。」她哈哈大笑：「我們生意太好，沒時間做這些啦！」

新竹的她，會彈鋼琴，也會行銷各品牌機車，這是什麼組合？太跳 tone 又太有趣了。

她還嗜讀如命，每星期最大的快樂，是喝完一杯啤酒後，跟老公兒子朗讀她當週最喜歡的幾頁段落，而父子也都配合她仔細聆聽。

這樣的新朋友有意思吧？

看起來比我小二十歲的年輕鄰居，居然有五個孫子，她生活裡有兩筆重要開銷：一是自己旅行，二是為孫子買書，她說：「外出吃頓飯或給孫子買幾箱書，問他們要哪樣，他們都選擇買書、看書。」

照我的估算，她為孫子添書往往是一般家庭的整月開銷，她說：「孫子誇口要把我買破產，但是他們是真的愛看書，而且看得速度很快，我願意完全滿足他們。」

我先生說：「走在中庭碰到她兩個孫子，邊走邊看書。真是少見。」

還有一個小鄰居，她是追劇族，我說我只看電影，不敢追劇，因為一追劇就失控吃零食。但是我想知道一下《魷魚遊戲》為什麼全世界轟動？

她就把劇情敘述一下，多數時間，則側重在精彩分析劇本想表達的人性意圖。

我不追劇，卻有一個對穿越劇、奇幻劇、歷史劇有強大「說劇」、「說書」能力的年輕朋友，夠讚吧？

我的鄰居裡還有一對年輕伉儷是我的理財顧問，他們都在最尖端的財經行業裡發展，我很放心把我的財務配置徵詢他們的建議，對於自己家族重大事情，也聽取他們的意見。

他們是穩定型年輕輩，對我的關心表達在八個字上：「要想清楚，不要衝動。」

我很愛朋友，過去二十年，時間總是用在照顧一些長輩姐姐身上，直到健康和疫情雙管齊下地來調整我的身心，我才不蓄意卻很自然地交到年輕朋友，她們的趣味言行，是另一個世界的金碧輝煌，在在影響我，我喜歡。

我本來就是鄉下情懷很深的人，人生重回單純之後，這些後半場入幕上台的新人物，讓我孩童的喜樂再度氾濫。

老朋友相互噓寒問暖，是不可以沒有的安全感；新朋友則把我帶進樸質的平民舒適圈，讓心安逸。

大家都說朋友是老的好，這是事實，可是在「半老」**時候多結識「小兩輪的老伴」，能倍增生生不息的互動對象，一旦我們繼續再老，也不會真正孤獨。**

類型朋友

退休前後，別再恍惚，生活要重新調整，人際網路也要再次收線佈線，有些朋友需要精心撿回，有些朋友需要淡定鬆綁，在洗牌過程裡，我們已回歸最自然樸質的本能，也明確知道自己想要的生活方式。

你是社交型個性？還是居家型個性？累積一路走過的痕跡，已完整書寫你個人的自白書。

友情是日積月累的長程旅行，時時都在重新組團；親情是可撕可履的終身契約，講究你情我願。

不管你想繼續左右逢源，還是依然習慣不動如山，你都要開始加強五種類型朋友的固樁，而且固樁的方式唯情是問，這些人，勢必是老年生活品質的重要元素。

固椿誰？為何要固椿？

到了一定年齡，一切都已定型定性。如果這時的自己不是達官顯貴，也不必再攀龍附鳳，試想，這時你還能結交高檔次行業的律師、醫師、會計師、設計師嗎？你還可能突然擁有企業家、政治家、趨勢大師賜座請益嗎？

如果你已經是他們其中之一，你在相同籌碼、相同優渥的環境裡，還是要把持一種「非金富裕」的朋友，他們是誰？如何厚植這樣的類型朋友？為什麼？

你可曾忽略要深交這樣的朋友？他們是生活的根，但常人無覺察？

非金富裕是我們最該收集的類型朋友。

和手足做朋友

手足是我們最原始卻最不花心思經營的朋友，但遠香近臭的人性，有時，就把這天賦最緊密的關係送上末路，一旦怒目責難，猶勝任何仇隙。

年輕時的親戚家人，不過就是親手足與表兄弟、堂姊妹，但五十歲之後開枝散葉的家族關係，終將難免趨於複雜，有奉養的權責、有繼承的糾葛、有成就的攀比、有財務的混亂，甚至，還有八竿子打不著的各自姻親交錯不安。

和手足關係生變，舒緩的過程是最容易也最不容易的，通常，愛爸愛媽的子女，手足關係普遍良好；家族裡面，如果不是全家大小都關係緊張，很少見一對一的不和睦。

只要是在乎的關係，總會找到同生共存的和樂融融。

「三顧茅廬」「事不過三」「三番兩次」是一般的大度，但是化解家人的距離或忿怨，至少要做到「事已過十才放手」的努力。

如果可以和朋友談笑風生，和手足相親相愛憑什麼這麼困難？

和子女的同學做朋友

和孩子的同學做朋友，就像練習打靶，訓練視力聽力的敏感，讓young

世代的風吹草動，成為我們神經心靈領域裡的肉毒桿菌，聊聊天就如同施打美顏針，容光煥發活跳跳。

孩子的同學同儕，可以是我們的忘年之交，在這輾轉又勾結的無年限友情巨網裡，我們可以精準瞭解自己孩子的思想主軸，該放心還是該擔心，都能有恰如其分的平衡。

大戶人家和小戶人口，常在假日把家庭開放成歡聚樂園，早就不喝碳酸飲料的父母，此時也會湊性坐上餐桌和同學們吃 Pizza、炸雞，讓孩子有光彩，也讓大齡老齡的自己，很有光芒。

子女的朋友一旦成為大家長的朋友，不但視長如親，而且聽命使喚；於是室外的砍樹除草栽果築渠，有他們的熱誠服務，室內的粉刷牆壁挪動傢俱，他們也能歡喜幹活。

遇到小病小痛，需要小物小件，小青年個個都是好替手。同學幫同學，有一種良好的互助關係：幫張媽媽上網買車票、幫吳伯伯開車接朋友，因為，他們是我同學的爸媽呀！

五十到九十，不是只有同溫層才有話題火花。

和朋友的子女做朋友

自己有直線傳承的社會關係不夠，要把這些關係結合成更多的力量，幫助自己的孩子與幫助別人的孩子，即使他們不能合夥不是搭檔，也可以成為互通有無借力使力的關係人。

爸媽的社會關係在五十歲前後最成熟，退休之後也還能維持十年使用期限，這個階段好好做球，和朋友共同培養「我們的孩子」。

不管自己的孩子多優秀，你都不要讓他成為獨行俠。**這個世代需要極致的集智，單打獨鬥，易成困獸**。

對朋友讓利，不如助朋友的子女獲益，其中方法之一，就是和死黨的子女發展小死黨的友情，貫徹精神的支持與實質的協力。

和工匠做朋友

家裡添購設備，會快速隨傳隨到的都是配合「大戶」，因為肯花錢才是VIP，但要維修？見諒見諒，工繁潤低，得到的答案：「不是不配合，是人力不夠。」

這個月頭盼到下個月底，說沒空就是沒空，當然不能怪罪他們，心同此理，高溫暑熱中奔波，衡量工時工資再篩選接案，怎樣決定都是合理的。

在瀨老之前，我們居住已完全穩定不再遷徙，所以更要努力和工匠搏感情，一旦做上朋友，自己居家環境的疑難雜症，都能如願請到良醫出診；他們也會有網開一面的情分，提供的效率、品質、價格，在在讓我們感動，若有機會我們自然也會介紹工匠的專業服務給需要「出診」的人家。

和工匠做朋友，很簡單，進出之間，夏天備涼品，冬天備熱飲，如果休息時間太緊迫，幫他們準備免費便當並不算吃虧，因為有這樣的工匠，可以節省太多煩擾不悅的等待。

工期結束前，若無其事地問問工匠：太太幾歲？孩子幾歲？住在哪裡？然後，安排家裡適宜的現成物件當成禮物相贈，通常，工匠都能接受這樣的誠意與美意，一句謝謝，兩相歡喜。

邀請過的工匠都做成重要名冊，不讓水電空調等故障陷人於焦慮。理想的工匠朋友，可以把家裡的小問題，在變成大問題之前解決，越老越知道：好的工匠是排名很前面的家庭名單。

和投身公益的人做朋友

舉凡在做公益的人，都是善良且蒙福的人，靠近他們，一來近朱求赤，二來滌心養性。

優質的公益人，不給人募款壓力，不對人誇耀成績，不讓人自慚形穢，不用自己能付出的標準要求站在身邊的人同進同出。

我遇到的公益人，都不說累，也不發牢騷，他們這樣的態度，充滿奇異恩典的安定。

因為靠近他們，確認他們，我產生過主動的募款行為，其中有大額，也有小額，但是我對同一對象絕不做重複的勸募，除非他們自己想繼續。

有一天我買了幾本腦麻協會的出版讀物，對於家裡有個容易生病但喜樂居多的小孫子東東，我們揪心也慶幸他帶來的愉悅是如此不同，我送給姊姊一本，說：「看看這些孩子，就知道我們真的不是最慘的。」我的姊姊，果然心志不凡，她笑著反駁我：「我們有什麼慘？」

是呀！悲若上門，也要拂塵不驚！

類型朋友。朋友類型。他們才是最常穿梭在現實生活裡的必要角色。

疫後重建的伴老名單

將近三年，每戶人家都成了關門鎖窗的「惶驚聞疫營」。而疫情最驚悚的擔心真的那麼直接：自己還有沒有明天？明天的誰誰誰還在不在？

街道巷弄裡種種悲泣聲音，加倍爆裂社會情緒的指數。

外戰平息內戰，因為疫情，我們懂得感恩置身安全、珍惜濡沫相伴、仰賴執子之手、善待晨昏相處。

為了對抗頑強卻隱身的病毒，改造人際互動模式已是最必然的預防手段，我們被迫提前學習新的生活方式，對象更單一化，孤獨感可能也被放大；這像不像在太平盛世模擬戰爭的來臨？

在最壞的時候做最好的安排，在最悲觀的時候做最樂觀的改造。老夫老妻的相親相愛學分，很適合此刻加強進修、重修、補修，讓彼此加倍優秀起來，把狹室充當溫室，培養自己和對方都成為一株解語花。

疫情提前貫徹了「相依為命」，在這沒有家以外其他空間可舒緩情緒的節骨眼上，用思維栽種斗室裡的春天，深耕那樣的念頭。

你的快樂就是我的快樂

眼珠已混沌，嗓音不清澈，掌紋很粗糙，體味不清香……，這種種不討喜的老態，再也禁不住任何一方漠不關心的雪上加霜。

以前走避外出的個體，卻在疫情期間，要和另一個老傢伙綁在一起二十四小時，而且天天如此……。

如果再不滿足對方在乎的喜樂，日子實在很難熬，恐怕連在房門走道前交會，都會突然心生：冤家路窄、煩不勝煩的壞心情。

忿怨是彈力球，快樂也是彈力球，你喜歡用壞球失分？還是用好球得分？

就算新聞給我們的都是黑死故事，我們還是可以用較多的安慰，弱化彼此被恐懼佔領的低潮。

我用照顧好自己，善待你的未來

關於疫情的應對，新聞常有分歧說法。如果夫妻選擇聽信不同的論點，也請不要在對方照顧你時，反唇相譏他是神經兮兮與偏執的碎碎念。多少夫妻為善意的提點而口興干戈？我也沒能耐住性子不動氣。

去年（二〇二二年）春節原訂回高雄過除夕，那時疫情正旺，我說：「我有一點不想回高雄……。」我怕疫情時坐封閉車廂，這話聽得出是有徵詢商量的意思吧？但是位居先生一職的男士，語氣剛硬且毫無彈性的說：「我是一定要回去的。」

我轉身而去，並第一次正式投訴他的朋友高松山與陳國梁：「他只要敢一個人撇下我去過年，我一定結束這個關係。」

事情有這麼嚴重？有！一個人不懂別人的牽掛就先甩手榴彈，那跟他有什麼好胼手胝足的？

疫情，已給相隨關係上了一課，不要以為無常只會發生在別人的家。

二〇二〇年，疫情初起，口罩價格狂飆仍求購無門，一些社會關係良好的權貴朋友，問都沒問就直接差人送口罩到家，鄰居當中，也有人主動以十片、二十片的儲量對我們珍貴分享。

二〇二二年，變種疫情窮凶惡極捲土狂襲，新店的書友、內湖的老友、社區小輩與家庭晚輩，知道我足不出戶，紛紛來訊：「我買到快篩試劑，立刻為你送（寄）去。」

我覆以：「謝謝再謝謝！暫時先不要顧我。需要時，我會開口。」

篩篩篩？篩到了不也是居家隔離一條路嗎？既然我已自主居家隔離一兩

年，就認命地從繁華之孤獨，認真體會生命中既重且輕的不測風雲吧！

徹底重置伴老名單

不再高密度社交，不再殷勤互動，順勢踏上選擇生活模式的新路線；剛開始，或許還失落在這樣的萬籟俱寂中，假以時日才豁然通透這就是未來的常態。

我不易完成直線散步或快走，因為那樣的單一鎖不住我的專注，我喜歡一日多變、一事多式、一聊多聞、一心多用……；最後因驚奇發現新進的論述：同時在想很多事的人容易失智……。於是就著全民自囚的生活狀態，我的腦內活動很自然不再跳浮混亂曲線，有一種輕鬆就叫靜止。

雖然喜悅友愛的熱情未變，但其他都已陸續屈服：體力變了、城鄉距離變了、應對能力變了、記憶流量變了……，年輕時的形而上在衰退之齡似乎變奏為虛而空。

我一輩子不會電話聊天，現在開始啟動學習模式。

家裡室內座機號碼從來不是保密的，用 line 通長話的朋友，我都說：「電磁波傷腦，打到家裡。」

很多很有關係的朋友鏈鬆脫了，很多不搭嘎的點頭之交有了新的交集，社交圈大洗牌，被人洗掉或洗掉別人，只要自然發生都是好的。

重思現在和未來誰最重要，發現，名單真的變了。倒是跟陌生人交談時，被點化的新鮮感特別觸動自己。

半隱居的日子大力磨合價值觀

恐懼不再是驚悚電影裡的情節，他天天在可觸及的距離上演著，喜歡儀式感的現代人，也已經那麼經常的經歷：面對告別卻沒有告別式。

太平盛世百年，忘了居安思危已屬不智，全地球還聯合擴大防疫閱兵，把戰疫、病疫，加總為活著不易的局面。

少了外界過量的喧嘩，家人的相處會產生更好的親密？還是更惡質的摩擦？易簡生活，可洗滌俗念雜思？但也可能難以按捺？

不需要跟世界較勁，細細咀嚼斗室裡的粗茶淡飯，老伴與家人有沒有慶幸的幸福感？

安吉莉娜裘莉說：「我的母親告訴我，一個不懂得幫助別人的人，他的成就是沒有意義的。」

在這個疫情世代，我們不僅循例服用勵志觀點，更需要調配重量等級的無血緣之愛，來關照彼此生命。

劫後餘生的學習之路

醫美院長于西海醫生和張詠詠伉儷赴美探望兒子，三年不見，這一見就關係改變，上次見面還是父母照顧子女，這次見面，已經是子女照顧父母了，真是疫情催逼歲月老。

家庭裡的壯老與壯青，在這一千個日子，是不是都很自然增加合而為一、和睦相處的緊密關係？

新冠疫情為全世界帶來極大苦痛與悲傷，但是，為了要好好活下去，我們從小處著眼，也可以體會這是一次生活扭轉力的演習，太多事情在重新開始的路上，太多觀事角度改變家人關係。

危機與危險教會我們什麼？

學會獨處。獨處是生命裡非常重要的一種能力，然而台灣地小人稠，社交頻繁，多數的職業病與民族性，養成我們「沒有酬酢就是遭受冷落的孤單」、「少了團康就是邊緣化的孤獨」。

知識分子一向鼓吹心靈建設，但是風氣慣性使然，「只有自己」這樣層次的境界，反而讓自信受損，誤會「無邀無約無處去」是不受歡迎的現象。

疫情，迫使大家「團練」居家獨處。

當大家都只能居家獨處時，怕孤獨怕孤單的人就不再疑神疑鬼：其他人是不是避著我正在杯觥交錯、歌舞昇平呢？

獨處不是懲罰性的關禁閉，獨處是觸探被忽略的安靜價值，東想西想或什麼都不想的就可以看透：生活本質的起點與終點，可能就只是簡單的吃喝拉撒睡。

然而，無外人對話的日子，健康心靈會本能的挖掘生機，找到舒服的日做夜寢作息；因為雜訊中斷，性靈的自然成長很容易破繭而出。

落實照顧。一般日子，父母請子女教授手機或電腦的小技能，孩子很容易不耐煩，但是疫情登記施打疫苗這件「大事」，家家戶戶大概都是由孩子主動上網為爸媽登記。

年輕孩子上網是「雕蟲小技」，但是，因為疫苗登記塞車擠爆了，需要一些耐心，小青年在一個家庭裡的功能性，此階段顯得分外重要。

三級警戒、居家工作期間如果不是單身的獨居者，每個家庭成員都會各展照顧責任。

幼童全日在家，讓父母爺奶忙得抓狂，所以，家長對幼稚園與小學老師佳評如潮、極表讚頌的聲浪，總算讓社會達到共識：老師對「每個家庭」的確是有重大貢獻的。

健康餐飲。愛喝手搖飲的習慣，因為不方便外出，自然減量或不喝了。

因為戴口罩、少外出，女性一年可能少吃一條口紅。

既然家人都「群聚」，長輩或平輩在家開始自烹自調開伙，一來可以平衡大量外食餐費，二來給自己腸胃引進更安全的食物，三來讓不再冷清的餐桌照亮家庭的溫暖。

剛開始，所有封在家中的律令，都讓人焦慮這會造成暴肥的後果，但事實剛好相反。

解封後相見，彼此體重大增的並不多見，家常菜不油不鹹不甜，又沒有影響身體負擔的加味料，只要維持正常餐飲的人，體型都被調節的非常好。

減少開銷。封餐廳封市場期間，沒有太多機會允許閒逛閒買，家裡所有日用品，經過初期的囤積、合理的消耗，漸入佳境到達符合需要的存量。

最理想的是冰箱冰櫃的吞吐量，不會再那麼暴飲暴食，食物的儲存越來越均衡。

交通費、娛樂費、交際費、置裝費、紅白帖⋯⋯，一年十二個月，真的撙節甚多，當然，我們也該有同理心，關懷社會上失業人家的艱困所在，祝福那些有財力有善意的人，願意自動自發解囊相助；至於我們自己，雖然小小金額的贊助，對募款日益艱困的公益團體只是杯水車薪，但這些都給了我們學習柔軟的機會，能把幫助別人視為生命教育的學習，也是入世當有的進修學費。

聯誼轉型。見面方式總是在餐廳餐桌的特有民風，開始走向開放空間的戶外。

踏青、遠足、野餐，在曠野之中，不管脫口罩還是戴口罩，都有安全的社交距離，而且形式的轉變，造成儀式的奠基，大家培養在風光明媚的庭院草原聯誼，享受到嶄新的趣味，未走旅行路線，也有旅行的快意。

清除負擔。疫情的自我禁足，造成幾張信用卡完全沒有使用的機會，突如其來的年費，或許在經過說明後都會得到抵扣償還，但是這個當下理當明白：太多不必要的塑膠貨幣其實是多餘的負擔。

很多人產生「退卡剪卡」的覺醒，把消費集中在少數持有的信用卡上，累積的回饋優惠更多，同時擺脫為刷卡額度才消費的迷思。

貨幣交易減少，去年銀行發印的新鈔，今年偶爾使用時，給出去或收進來的都是張張嶄新。

生活機能與網路3C的便捷，造成很多人有邊走邊買的習慣，直到天天居家才知道，鍋碗瓢盆馬克杯不買不會有遺憾，哪個家不是已經多到難以收納？

衣服與家庭擺飾不再有更新汰舊的習慣行為，這才發現：亂買的蠢蠢欲動比往年低了，進而也減少很多裝飾性的立體垃圾。

老友來訪，說：「大疫當下如果沒有網路，大家各自關在家裡的日子，熬得過去嗎？」

是的，疫情把很多人關瘋了，也把很多人關醒了。

你是瘋的那個還是醒的那個？

疫情不是全然的不好，它的波濤洶湧，既警告了世界，也警告了個人，我們要從其中篩選已被默默訓練的小衆生活調性，讓自己的人際關係與親情秩序，理出更好的互動順位。

就是這樣，在不好過的日子，我們一定能發現其實不錯。

自幼，家規有型，我想幹什麼，多半會先提出徵求爸媽同意，關於「答案」，同意的狀況總是欣然鼓勵，不同意的時候，爸爸就會輕聲說：「妳自己看著辦吧！」

姪子阿倫，自幼就是小暖男，當你給他什麼，他說「等一下好了」，大概就是沒興趣的意思。

這些實例讓我明確知道：**拒絕，不一定是直接跟你說「不」，懂得體會，才是談話聽話的藝術**。

過好日常的30個小訣竅

生活日常就是靠小小的心領神會，你願省思，就能理出竅門，諸如：

1. 提問時，第一次沒回答，可能看訊疏忽了，問兩次沒回答，可能正在思考如何回覆，問三次再沒回答，不必去想為什麼，千萬不要再傻傻地追問就對了。

2. 說謝謝的時候，別忘帶上情感配件：「笑容」。

3. 實在安慰不了，就安靜的陪伴，優質的陪伴是不可以心不在焉的。

4. 對於生活檢點卻有財困的人，如果願意紓困，想好自己是「拉一把」，不是「借一筆」，日後財去不回，沒有多餘閒氣。

5.「他好不好不重要，只要他對我好就行了」，這是迷思，人的行為是來自核心價值，不要相信只有自己值得他的好。

6. 不要只會用制式語言說祝福、述安慰、表謝意，因為，會稀釋感情與誠意。

7. 先說明比後解釋要能平息誤解。

8. 好聽話說的太過氾濫，誰聽了都沒有特別感覺。

9. 有人讚美你，你就說謝謝接受，不要舉證一堆客套話大表謙虛。

10. 老闆對捧場次數能力強的客人態度火熱，這是周到，不是勢利。

11. 再不喜歡誰，也不必在背後非議，因為普遍聽入心的，不是被論者的名聲，而是批判者的德性。

12. 眼神肢體的放電是有意識的行為，不要以為他對你的目不轉睛，是情不自禁被你煞到，也可能是另有「詐」念。

13. 傻氣的人，面對真正喜歡的人與事，還是會懂得如何啟用好感驅動程式。

14. 越是沒有目的性的善良，越能得到期待外的喜樂。

15. 拒絕別人的好意，等於蓄意拉開彼此距離。

16. 強者助人之前，不妨流露自己也有軟弱的一面。

17. 沒有一種噪音比喋喋不休的訴苦更煩人。

18. 陷阱不是壞人發明的，好人也會掉進自己的陷阱。

19. 愛人需要勇氣，婚姻需要運氣，進來出去，都不容易。

20. 年輕時，誰都可以做朋友，年高時，只有讓人快樂的人才有朋友。

21. 若把別人對你的好視為理所當然，那麼你已失去別人對你好的價值。

22. 老了，玩興不高，但是朋友變得更重要。

23. 姻親進入婆家岳家群組後，不要因為自己鬧情緒就退出群組，到時沒人邀你回去是自找難看。

24. 孩子對父母慷慨，是絕對不會虧損的投資。

25. 當你有具體的事情需要對方時，你有機會重新認識自己跟對方的關係是幾等幾級。

26. 向學求知，多問為什麼；做人處世，少問為什麼。

27. 求愛不能真的以「求」為本，癡情不能當真「癡」到無腦。

28. 對人好不是為了得謝，但是對從不起謝念的人，過度的費心還是淪於自找傷心。

29. 有人愛，多了點依賴，可以活得很好，沒人愛，完全靠自己，必須活得更強。

30. 快樂時光很習慣跟朋友分享，重要時刻卻渴望與家人共享。

輯六

剛剛好，就很好

半老人生，不用交功課，也不用搶排名，
心性進修，是每個畢業生一輩子的課後練習，
「剛剛好」的答案，只有自己能解答。

對的分寸，才有好的品質

你的生活老出狀況？你發現自己掌握不住長短高低的分寸嗎？那就先從簡單處來找問題、尋解答。

天下沒有一個通則適用每一個人，你該如何找到最能解決自己問題的「剛剛好」？

話說太多或話說太少

怕不被看見？於是高分貝說話，畫大餅說話，最後，所有的口若懸河，都成了無人搭理的自說自話自彈自唱。

其實，就連言不及義的聊天，都不適合任何人嘰哩呱啦！

還有人不知哪根筋不對，很喜歡把人家的

缺點當優點來說，好聽話一串一串，帶來的不是愉悅是尷尬。

多言必失，小心，你說的越無以匱乏，外界越形容你不靠譜。說得太少，得到的讚譽是內斂含蓄，但也很可能看似城府很深、步步為營，趕走想要親近的機會。

話多話少，是要有自制力的，看場合、看對象、看事物，還要看自己的斤兩，不要舌尖脫韁，也不要靜似門神。

做得太多或做得太少

你有兒子家裡的鑰匙，你怕小倆口下班回家還要做飯洗衣太辛苦，自動自發去他家巡禮一輪，做好清潔，擺上菜飯，心滿意足回到家，還覺得自己是個體貼好婆婆。最後，兒子欲言又止，好不容易才說出口：「媽！我們忙得過來，你別來幫我們打掃屋子了。」

被動是學問，你的願意，有時是要透過別人的邀請才適當採取行動。

不要以爲家人沒有「隱私」，更不要以為媳婦一定喜歡你的服務，我們要記住一個事實：**每個人都習慣自己當家做主，你的疼愛，也許被視爲侵犯**，她無法感激，甚至厭煩，妳也擦傷難免，勿再多此一舉。

他們需要借用爺奶的時間跟愛心時，欣喜赴約，做他們要你做的事，才能皆大歡喜，不必為了之前的被拒絕而在這時拒絕他們，爺奶做配合單位遠比做主辦單位順當。

給的太多或給的太少

不要吝嗇相待，也不要隨便撒錢。

爸媽要的是關心，是帶著兒女孝順的美名，炫耀自己的家教有成，幸福有感。

爸媽請客時，孩子們路過，拐進餐廳把帳付了，爸媽一定可以多出幾個月的話題與開心。

有了孫兒，爸媽會想盡辦法不露痕跡幫助子女經濟寬鬆，但請給錢有度，給多了，都成媽寶，給多了，視為當然。

孝順的孩子，對父母沒有非分念頭，懂得日常小小贈予是撒嬌不是撒錢，開心接受是福，大量擁有恐有險路。

你希望孩子因繼承而富？還是憑本事掙得自己的成就？做父母應該有計劃，但不可以太早孤注一擲。

賺得太多卻花得太少

時光飛逝，健康受損。人老花錢，目標確切。

如果經濟條件許可，聘僱家庭保姆照顧自己，不讓行動不便的自己變成家庭氣氛的暗光；把所有可與子女兒孫相處的時間，都拉提到最高品質。

在沒有經濟匱乏的優質環境中，和樂相處是臨老最需要的安全感。

父母存錢是用來照顧自己的老後，這樣，就是解放兒女自由，讓他們也有餘暇用較短時間的服侍，創造較高能量的歡樂。

老人家太過節省，一是為了奠定不求人的安全感，二是為了要為孩子留下錢財。現在是西元二〇二三年，我們沒有逃難，普遍受過教育，親愛的父母們，要把錢花在自己身上才是減輕孩子的負擔。

花得太多卻賺得太少

四十歲的兒子換名車，有兩種狀況，一個是買了送給爸爸，一個是跟爸爸借退休金買給自己。

中年兒子住媽媽家，把媽媽的房子抵押給銀行貸款，為自己買了預售屋百坪房。媽媽雖然不大可能等到住大房子，但她就是這麼心甘情願，反正薪水階級的單身女兒，跟她一樣，也心甘情願地供養媽媽、照顧媽媽。

以上這些是不是耳熟能詳的「多」與「少」所產生的問題？

但是，也有做到平衡的聰明人。

她把透天厝改裝成套房租給學生，女兒是執行秘書，每月收的房租要造冊、水電床墊更新修繕要負責找師傅、媽媽有應酬她得訂餐廳叫 Uber、手機有新軟體她要下載並負責教會媽媽，媽媽的看法：「這也是我手把手教她規劃理財，料理生活。」

他呢！是社交大亨！樂於照顧同儕，也顧念人情世故，常常贊助大量伴手禮物件，但是買了卻無暇處理，他就把所有物件送給岳父，岳父因而在同學會、校友會成了最受歡迎的聖誕老人。

有些，我們擁有太多，但用不完或不會用。

有些，我們掌握太少，卻又貪多且不節制。

窮富不是比存摺，是比生活的合理品質，是比相同資源中有沒有把日子過好的本事。

捨得分享，但別甘願受騙

「他對你好，是因為你有錢。」這是最挑撥離間的話；也許充滿忌妒，當然也確有可能是善意提醒。

針對這句話，我「模擬人生試題」，中論答案是：如果有一個人因為錢對我好，那我真的要感激他，還會對他加倍的好。

看看天下，「要你錢還傷害你」的人例事例有多少，連親生的子女都可能要你錢、偷你錢、搶你錢、設計移轉所有權，而且還連個好臉色都沒有。

既然是「你有錢」造成「他對你好」，在這樣動機明確的關係中，你要怎樣演好有錢人角色？你需要保護自己嗎？你有必要看輕對方或離開對方嗎？試做以下習題。

先明白，自己財力的厚薄

怎樣才算有錢？當然不必望向大富，只要照自我標準來自我認定。在任何狀況下，都確實具備財富自由，不需要向他人求助，也不讓壓力形成焦慮。

平日量入為出，但並不吝嗇拮据；節慶可以揮霍享樂，卻也不失分寸。這都是順境的生活成本，足夠讓自己自在安逸。

但是逆境呢？

身處老人化社會，最大逆境就是病了。

病的成本，是人生的最大虧損，小康小富之家的無匱，有時根本禁不起大病長病的摧殘。

換言之，現在這點錢的厚薄，只是預存他日的急需，別太高估或低估自己的財力。

父母照顧子女，不遺餘力，子女照顧父母，比較需要額外運氣，過去如此，未來更是多風險，因為啃老族成為趨勢，沒有道德負擔。

老人守老本，已進入需要步步為營的世代，記住：如履薄冰未必是防範外人造成的危機環境，有時，家人逆子更讓自己痛心疾首。

固守最後一桶金

食衣住行育樂的開銷按理是隨年齡下降，即使依然揮霍，再大的虛擲千金，也永遠不及一場醫療費用所造成的錢坑深不見底。

家母病逝時，尚無健保，走完無效治療，在忠孝東路醫院僅僅八個月的醫療費用逾四百多萬。其過程中，最愛她的兩個男人，我的爸爸白天全日陪伴，我的哥哥夜間全程病房度過，這對父子堅定深情，我們三個姊妹自由進出，但是即使重疊人力，他們從不在自己選定的責任時間離開病房。

家父病榻長臥九年未醒，離去時，因是榮民，受到國家部分照顧，醫療費「只」近百萬，但是二十四小時看護費近六百萬。我的姊姊深怕看護疏忽，每天一定會到醫院報到，所以，我的爸爸皮膚越養越細緻，從開始到離去，九年多，沒有出現過一次褥瘡。

父母親兩場病，一千萬沒有了，讓我產生未雨綢繆的認知：所有積蓄最終結的意義，是把所有病痛做到盡可能的品質安置。

貧，未必苦，病，很難熬；但貧病同時具在，生命的存在就成了單純的折磨，在這段不得不接受的旅程裡，醫療費用是早該預留的最後一桶金，專案專用，不可提前贈與，不要顧念遺產。

慷慨，仍是生活必要開銷

慷慨的界定在於量力而爲，尺度不爲滿足他人期待，完全自度於個人「予與受」的能力。

問朋友M：「你覺得台灣最好吃的餐廳？」她一定說自己家門牌號碼；但是，她邀去開眼界的都是台北頂級餐廳，她的理由：「不一定最好吃，只是讓你們吃到『話題』，和別的朋友聊天時不弱勢。」

我送她一箱六百元鳳梨釋迦中的「兩顆」，碩大甜美，她說：「這麼漂亮，捨不得吃。」

我說：「下次抱隻老母雞做客。」她說：「我等著。」

去台南渡假，曾邀我去醫院演講的麗芳，帶著兩千元小籠包早餐來陪伴；阿財帶著他在台南揚名立萬的招牌豬腳來喝下午茶；子珍伉儷買了台南最美味的水晶餃；高雄的素琴，買我愛吃的蔬菜捲，我請她吃不加煉乳的薏仁冰，加總不到三百元的消費，一直在為親密感加溫……，這種種慷慨，就是因友情而發生的消費，也就是這些人情之常，凝結友情的瓊漿玉液。

至於一年見不到兩次面的台南表弟，高雄小姑，所有的相處都在不計較裡得到親情流動。

靠自己，規避財務風險

朋友家裡手足觀念不一致，為了財產避險，曾央求無條件把房宅借名登記過戶給我，等分家風險過後我再辦理歸還。

不諳法律、不懂稅賦、不解金融制衡，加上我也膽小如鼠，朋友對我的信任並不能說動我大發善心幫忙。

他信任我，我信任他，但是，我並不信任自己，因為我對數字金額票款欠缺換算解釋能力，我怕無知的疏忽影響到對方的錢財安危。因此也再三告誡，另找安全途徑自保。

還有可以列為富賈的朋友，其高檔精品的全部身家，看得到、估得出，生意穩穩當當，時有進出利潤。不知怎樣的因緣際會，朋友的朋友再輾轉朋友，三波五波前去用手指點選物件，短短數月，預購過億，從而誘他投資各項合作……。

最後，結果，預購物件不予認帳，他身陷兩億投資血本無歸，多痛的受騙經驗。之前所有的抬愛吹捧、輪番出現，都是一場精心設計的圍事策略。

「安全無虞」「百密無疏」「一本萬利」「出手就贏」，這樣的口語保障不是專業話術，是職業騙術，一旦耳朵聽出油，就等著被生吞活剝了。

捨得分享，但別甘願受騙

故事一：富翁給嫩妻的生活條件，按月支薪，且是高薪；富翁有恙或愁苦，嫩妻得扣薪金，富翁體健或愉悅，嫩妻得領獎金。富翁一旦成仙，嫩妻回歸自由，縱然沒了薪水，日子也無匱乏。

這樣的關係看來功利無情，實則是各盡本分、公平安全。

任何一種關係裡的當事人，如果彼此條件過於懸殊，訂定滿足你我各自需求的遊戲規則，是最不矯情，又最易達成共識的方法。

故事二：「男人不壞女人不愛」的另一對照是「貼身孝順不受疼愛」。

十個朋友裡有八個伺母至孝的，卻是眼淚最多、傷感最重的，其中又以女孩居多，她們孝順無悔，不圖錢財，但是爸媽無視這樣孩子的付出，所有的捨得，往往都給了他們偏愛的孝子：神龍擺尾、身在遠方、有口無心，大小通吃。

傳承富貴給不愛你的孩子，又毫不疼惜愛你的孩子，這樣的分享真的無動人之處，如果造就受騙，更是讓愛你的孩子代為受罪。

父母愛孩子固然有不同的緣分，但是如果照顧你的孩子始終得不到你的青睞，有一天，那個遺棄你的孩子讓你後悔當初時，很多的傷害已來不及彌補，留下來的孤獨就是老朽的自作自受。

愛有品質，謝有標準，心照不宣，也是默契。

如果不是因愛而親近，那就算為任何目的才親近的行為，只要同時帶來好的態度、好的服務、好的照顧、好的指數，也是很精彩的「好」。

我的一個長輩姐姐說：「誰對我好，我就留給誰。」事情也許並不是這麼容易，因為當自己不再勇健時，隨心所欲的分配也會力不從心。

暮色蒼蒼之齡，要啟動一些模擬作業，建立一套變通程序，大致依循「對我好的，得到最多」、「動機明確的，給他從善誘因」、「貪而無義的，要在安危前提下早早切割」。

生命是一場賭局，金錢是檯面上的籌碼，如果出牌下注能掌握看人透透的功力，也許就不會和感情老千交鋒，少了纏鬥，少了殘鬥，和平落幕就是最好的劇終。

「他對你好是因為你有錢」，不怕，只要守住底線，明白天下沒有白吃的午餐，誰都可以在享受「他的好」之中，付出自己認為「值得」的種種，只是要謹慎，真的要謹慎。

慢與閃的節奏

快閃是公眾場合的吸睛表演；「快閃」一詞亦可改註：「快」「閃」是生活裡不淌混水、迴避陷阱的必練輕功！

氣旺好勝，沒有年齡界線，但是懂得趨吉避凶，少惹事少煩惱，也該是年過五十界線該有的風範。

哪些事該快？哪些事該閃？也許因人而異，但以不離普世制約的現象來說，家務雜務也不可以等閒視之。

能快則快，節奏不要散漫

財務安置要快。

人類平均年齡早早超過以往，但是天災病

變卻一再超過想像的不勝其「繁」，逐年演變出同理心的感慨：現在要好好過完今天還有明天，好像已經不是容易的事。

若非巨賈，尋常人家財務只有簡單的分配，一是個人健康醫療儲備金，一是遺留子女的分配計劃。

先為自己留下安全財庫水位，盡量減少對家族的金援拖累，病而不貧是最基本的自求多福。

其次，考量子女有沒有「德不配財」的疑慮，尋求法律專業完成符合個人心意的書面依據，既要保護自己也不要情傷家人。東方長輩最需要學習的事就是：別讓孩子認為爸媽的錢理所當然就「該」是他的錢。遺愛「人間」，未嘗不是另一種圓滿選擇？

敦親睦鄰、噓寒問暖要快。

懷一顆鄉下人的質樸心，對左鄰右舍溫馨相待。

不仇富、不炫富，彼此之間，越平等就越平衡，平起平坐當然是最舒適的平安關係。**每一種關心，都發自善意的基礎，不爲刺探，不爲好奇，更不爲掌握可以說嘴的資訊**。

身心狀況好時，四等親之內都當努力維繫家聚，老邁乏力時，三等親之內還是要以噓寒問暖維護親近。

手足有誤，直言無妨，但見解不當，更要有勇氣彎下腰誠懇表達自己的歉意。

上對父母下對子女平對手足，要求總是愛意相隨，但用甜言蜜語的方式讓家人服氣的舒心配合，需要更大的愛意與智慧。

濟助朋友要快。

莫爛好，莫濫情，但是知道一個好人家朋友遇難，要在自己能力範圍內捨得相應需要。

就算杯水車薪成不了解決困厄的力量，至少把人類歌頌的「人飢己飢，人溺己溺」之愛，做出傳遞。老而慈悲，是最美的「滿福寶」。

奢儉恰到好處。

旁事你可自由選擇，食物飲水請不要擺譜、浪費，暖化與砍伐，迫使人類居所已被預估將發生全球性的饑荒、旱災，食與水的資源分配還將引起戰爭。

不浪費食物也是減碳排放的方式之一，雖然最微不足道，但是從另一個方向來看，把原本可能浪費的資源用於捐助貧困，也是對同類的人性之愛。

若有時間空間，莫忘栽株幼苗，長大成樹，剛好在糧荒時供自己啃樹皮求生。

寫到這，我自己都笑了，其實是因為我常常很氣憤看到糧食的浪費。

能閃則閃，不要拖泥帶水

遠避嚼舌之人。

三招兩式一過手，就知來人善良否。

不怕朋友有缺點，搬弄是非零容忍。

人有壞習慣，傷害多半會回到自己身上，但是竊竊私語小小搬弄，卻是不知何時才會引爆的「聲」化武器，這樣性格的人，不要對他的引言玩對號入座的猜謎，更勿聽信對他人的詆毀，堅持近墨無益，遇之即閃。

勿陷激情紛擾。

每個人都可以從反對論點或不一樣的聲音中得到最多的學習。但是如果對話觀點不是立足在「這樣好嗎」「這樣對嗎」「錯在哪裡」「為何不當」，純粹為搏而搏的嗜好就是死抬槓，多說無益，閃人為上。

舉凡「粉」團，皆已「迷」醉，越要為你愛的信仰奮戰，越勿以「粉」以「迷」自居，連甲歌迷和乙歌迷的後援會都會在演唱會門口打架，粉迷實在不值得親近。

拒絕電話行銷。

一接電話，就聽到對方報上一串公司名稱、統編、職稱、員工代號、行銷項目，但是這種機械運作，往往一句都沒聽清楚。

行銷很苦，這是事實，加上詐騙波及，他們亂槍打鳥找尋客戶的方式更難有成效。

如果傾聽是一種禮貌，絕不信任又是不可能突破的慣性，那寧可早早收回禮貌，溫和打斷對方的推銷，何必讓對方說的口乾舌燥卻還是徒勞無功呢？

讓這樣的工作者長篇累讀，不如直接了當選擇閃躲不允繼續，虛耗他的時間與精神是另一種殘忍。

不要冒然搭橋。

老朋友A說他的老朋友B，當年負了C、虧欠了D，近年發達，希望我居中搭橋疏通，B想對C與D做些實質的補償。

這是好事嘛！我當然義不容辭，立刻採取行動。

結果C與D哈哈大笑！因為經歷過的已經成了經歷，從天上掉下來的補償對他們不痛不癢，毫無關係。

對方的快閃讓我看出瀟灑豁達。

我據實告訴A，兩人頓時覺得這個軟釘子是個大教訓；很多人、很多事、很多關係，不是我本善意就「喬得好的」，俠義衝動，有時會打破當事人已有的寧靜與平靜。

謹守事不過三。

邀約、拒絕、訴苦、訓示、投其所好、忍其所煩……，都要拉開事不過三的密集度，這樣的計次，是讓次數細讀緣分，在心甘情願還是勉為其難中，找到自己跟對方最真實的關係。

友情、親情，像極了愛情。太黏，不妨閃一下，太虛，乾脆閃遠一點。

「快」，是讓自己再能有所進步。「閃」，是讓自己避免重蹈失誤。快閃，快閃項目層出不窮，閉目養神之餘，也可自教自誨，若能老而多智，或許可因不反智而擊破失智。

六堂課剪掉老毛病

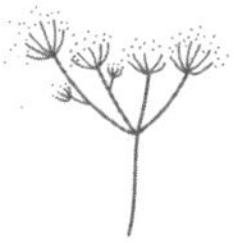

老而不孤，首要讀通雞毛蒜皮，芝麻綠豆都是必修功課。

人生版本，一翻再翻，原來，最後一役，不是挑戰別人的江湖，而是征服自己的鍋爐；在簡單的好吃、好睡、好輕鬆裡，讓所有的飽食終日，都透露著或滄桑或恬靜的修養。

冒險好勝，競爭好戰，本就是年少天下；歷時數十寒暑，人人都會成為從坑坑疤疤中長大的老小孩，髮結霜，鬢角白，往日多少階段沉溺的斤斤計較，回頭再看，無一不是雞毛蒜皮與綠豆芝麻。

快樂的人不一定活的天長地久。

活的天長地久卻得有相當的快樂。

老後人生，不交功課也沒有成績排名，心性的進修成為最大的養生，因為不管從前如何，家人世人能記得的，都是最後十年或二十年的樣子。

多愛自己是合宜的人性必需，但過度強調自我主義，不見得是理想的人我距離。想想看，你，唯我獨尊，我，以己為大，這樣的相處，是不是很容易就膨脹得擠不下同一個空間？

平易近人看起來是在配合他人，其實根本受益在於自己，若平易近人，就不會彆扭嚇人。

老而不孤，靠的是平易近人四個字，不要誇張自己不在乎別人的眼光，要相信越老越受歡迎，肯定是比較符合生理心理健康的。

如果我們沒有自卑這一生有志難伸，也不自戀曾經萬紫千紅，我們會更從容的在收拾書包放學前，就讀通自己的功課，雕塑好自己的模樣。

要讀通什麼功課？

第一課，戒掉憤怒。

第二課，拾回笑容。

第三課，撇開怨氣。

第四課，和解仇家。

第五課，甘於平凡。

第六課，隨遇而安。

這六門功課，自己評分就好，如果覺得心中總是自在舒坦，就是滿分，如果總是疙瘩惱火，那就問問自己：那舉不起的究竟要怎樣才放得下。

讀好六門課，就能剪掉幾個傷害自己的毛病。

喜怒無常的毛病

喜怒無常比壞脾氣更惹煩。

壞脾氣，有規律，有底線，只要不踩雷，就不惹怒。但喜怒無常形同無軌電車，未見火花，不知燃點，卻，竄到哪兒，哪兒崩塌；莫名其妙的突然爆動，當然場面尷尬，局面難堪。

領教過震撼演習的同圈子成員，陸續心照不宣，發展出封鎖名單的團聚，當事人發現時，也非常受傷。都是何苦。

關心過度的負擔

人家的事天天爆，是名嘴賺通告費的討生活本事，但這個本事，就算口若懸河很厲害、很精彩，卻鮮少被美麗言詞讚美，總是負評連連，廣受反唇相譏。

朋友之間，如果不是基於誠意關心，禁得起任何私事散播的考驗嗎？

嘴巴緊，人緣就如爐火純青。

轉述陳述他人之事，語氣、表情、腔調、形容，在在都像測謊器一樣，多半用於鑑定口訴者滔滔不絕的居心，未必焦點在當事人的青紅皂白。

說他人之事以表達關心，不可以嗎？

可以，但這不該是慣性行為，不該是公開播放，說者的善心不是自己認定就可，而是他人的觀感在界定這些情報的毀譽。

朋友的「個資」「情報」，不是茶餘飯後甜點，至於批判，是朋友的就直接溝通，不是朋友的，置喙幹啥？

毫無彈性的執拗

社交習慣、社交涵養、社交禮貌，明明人人具備，卻又水準不一。

一個沒有行為瑕疵的人，有時還真的令人心生畏懼，因為，太講究規矩，太看重平等關係，會把無心之過糾舉的太過嚴厲。

有些快樂成長營逐漸解散或另起爐灶，就是因為出現糾察隊。這把年紀，鐵的紀律絕對不是輕鬆逗樂的助手，繃著神經過休閒的團體生活，很快就會把自己邊緣化。

另外要小心，閒人聚會多，會有玩笑擦槍走火的時候，會因傳話引起張冠李戴的口舌禍端……。

幽默的人，消遣自己，卻不揶揄別人。

搞笑的人，班門弄斧笑梗多，卻不至搬弄是非。

造成別人情緒上的不開心，自己覺察得到嗎？覺察到了又願意補救嗎？

不道歉，是非常老態的行爲，也是一種欠缺學習能力的行爲。

說錯話做錯事，要嘛低頭彎腰，要嘛認錯致歉，一般多能挽回感情。至於「事緩則圓」，我卻覺得**「謝」與「歉」都「不宜遲疑」**。**因爲耽擱久了，就僵了，僵了，也就手足無措了。**

選地說話的智慧

在公車巴士上手持電話訓孩子、罵老公，還和同事吵吵架。在捷運上手持電話談生意，一個貨櫃值上億，一筆訂單吃三年……，大聲說，誇張說，多少雙眨巴眼睛在噴火，大事業型乘客還是沒有感覺。

我聽過幾次勁爆反應。

一次，是乘客狂叫：煩死了，可不可以停止了？

一次是司機老大怒了：大哥，求求你不要在車上電話聊天……

聽演講是進修吧？為什麼老師台前說，聽眾也台下講？工作人員幾次趨前溫婉制止，前來湊熱鬧的還是會三番兩次故態復萌……，有些時候，有些場合，有些閒人，真的應該驅離現場，他沒學習沒關係，他還一直干擾別人的學習。

成熟之後最可驕矜自喜的是性格火候控制得宜，謹言慎行分寸拿捏精準，**一個人受歡迎也許會原因不詳，但是難以親近必定有脈可循。**

我們不但有人生的功課，還要有生活的功課，因時因地因人，都要懂得軟硬適度。

寫到這，很想跳車，因為我在巴士上，聽著隔壁座的乘客持著手機說了三十分鐘的「心靈講座」，對方怎麼還不被開悟？難道真要逼瘋同班車的其他人？

他試著壓低音量，但是頻率呈一條線的喋喋不休，更像振幅高頻蜂鳴，引人腦鳴耳鳴……，於是默念自己的六課二十四字訣……。

你是我的偶像

每一個人生，都是從崇拜偶像、模仿偶像開啟生命旅程的。

孩童時期，爸媽是當然的偶像，連家裡聘請的保姆也是偶像，他們分別用愛灌溉幼苗。有時保姆的親密程度，甚至會超越父母！當你用比較級來詢問孩子，他們並不會為難得不知該說最愛誰，他們清楚「最」的意義，懂得自己心與情的正確領悟。

從幼稚園開始，老師自然是最佳偶像，這段崇拜反應，會一直順應到小學。

不管爸媽說什麼，小腦袋已經有自己的意見，他要這樣，他要那樣，父母常常拗不過，最後的必殺祕笈就是：「我要告訴你們老師喔！」立刻奏效，立刻就範。

這個年齡，老師比爸媽偉大，只要老師說的，都是好的對的。這段時光的養成教育，如果能跟家庭合而為一相輔相成，這將是孩子最容易吸收接收愛的養分的童年，安全感幸福感，也會是他們成長階段的重要記憶。

初中高中，已有性別意識，某個同學有氣魄，某個同學有魅力，都可以形成心儀之戀，而且這還不夠，偶像劇裡的遠距離迷醉、舞台藝人聚光燈下吶喊的忘我，才是最澎湃的崇拜。

進了大學，智慧剛開，追崇好的教授，埋頭好的著作，認識自我偏好，嚮往企業文化。內心，開始有單一化或多元化的追求，對成就在前的人事物特別關心，特別想成為其中之一。如果說這並不能歸類為崇拜，但可以想見，這樣的情愫，依然是有個追隨目標的。

我們進步，除了來自學習，還有兩個推動力，一個是假想敵，一個是崇拜者；通常，我們的起步都是興致勃勃，純念滿滿，所以，我們會向自己認為最好的人，學習最好的功課。

年輕時，你喜歡誰？你著迷誰？你就會以他的方向為方向，慢慢長出他的氣質與他的風格。

成年的我們不該再有崇拜情懷嗎？我相信是有的，而且也是應該有的，但是不好說，不方便說，因為說出來之後，很可能是給別人機會來對我們的程度下定義與評估。

以致，偶像之說成了社交場合的奉承語。

只要有名氣的人，在公開場合，可以一日聽到數十遍人們的讚美：「你是我的偶像。」

我要說的偶像，不是那種視覺聽覺的喜歡，而是一種綻放在心底的景仰，讓你想學習他某一種氣度、操守、涵養、藝能、學說、透徹……，這些不但打動我，而且確實縈繞我、影響我；讓我從主動的關注中，試著實踐他言行帶給我的啟發。

我的生活並不是有很多機會可以受教於大師當前，多數時候，我只能靠聽演講、閱讀，找尋學習對象。

我喜歡聽高希均教授與嚴長壽總裁演講，他們的國際觀、文化傳承和精闢見解，讓我一直以來都期望他們之一能成為教育部長。他們的知識應該放在適當的位置，創造更大的社會力量，但是優質學者不問政？

我也喜歡聽馬雲演講，他的語言模式很適合庶民進修，沒有半點虛話，知識、現實、人性、生意，全部合而為一。如果我說他的聰明與創意，和賈伯斯一樣影響了全世界的生活習性，會有人不以為然嗎？

我喜歡看經營者的書，台灣所有大企業的專書，我幾乎看遍，如果為形象而寫，所學甚少，如果為專業而著，確能取經。

我不懂經營，也不懂財經，那我為什麼特別喜歡這類型書籍呢？因為經營學裡通常囊括了我最想理解的「洞察」、「人性」與「毅力」竅門。

我也跌入冷漠文化

一早八點多，我坐巴士經過南港展覽館，看到路邊發傳單的鐘點工長髮女孩遞出十幾次彩印ＤＭ，願意伸手接下的只有二人，其他，有的搖手、有的搖頭、有的木然，也有的，身體拐一下閃避靠近。

街邊散發廣告單已沒有這麼時興，我遇到最多的是早餐、護膚美妝保養，有時，鐘點工還會掠過咱們這樣高齡對象，但我一點都不會受傷，反而覺得他們能尋求目標對象是非常敬業的態度。

早年，報紙有夾報廣告單，一疊一疊廣告單總是在破曉時先發配給送報生，他們就當街蹲在人行道地上開始夾報，夾報工資是以一毛一角計費，低廉，辛苦。

相關部門巡視工作績效時，曾經發現有派報生把整落廣告棄置垃圾桶裡，但是當時無法明確找出不肖工作者，被丟棄的數量也依然計入整體工資；幾十年了，這個印象讓我對街頭散發傳單的臨時工「很有感覺」。

工作不論大小輕重，只要接受，就有義務認眞負責。

也許有人認為街頭派廣告是一種騷擾，也是一種資源浪費，但是對於這樣討生活的人，我卻覺得他們的汗流浹背，充滿自立自強的高尚。

我們可以為他們做的事非常簡單，就是連腳步都不必放緩的順手收下廣告單，幫助他們誠實的領取工資。

廣告單常常是很好的紙質，曾見新聞報導有素人用這樣的銅版紙編織創意作品，而在我家，我們用來摺疊餐桌上的四方垃圾盒，把簡單的資源做到物盡其用。

現代人的保護色

廣告散發臨時工遲早會淘汰絕跡，這小小的街頭景象，是能翻轉的冷漠文化嗎？

現代人是可憐可悲的，詐騙事例太多，人們被訓練得必需保護自己，所以冷臉冷心冷反應是非常普遍的表情，面對這樣的面具與盔甲，旅居國外的同學曾提問：「走過很多國家，覺得台灣的路人神情最嚴肅冷漠……，你們都很不快樂嗎？」

「我們沒有不快樂，但我們有名列全球最嗜重度使用手機的民風，也許是這樣的警覺，導致我們不習慣輕鬆『隨便』微笑，潛意識以為『陌生酷』最能保有安全感。」

我也問過自己，明明很愛笑，為什麼「蓄意冰冷」，尤其是接到陌生電話時，更努力讓對方「撞冰山」，認為可以省掉很多麻煩、迴避很多陷阱。

陌生酷是現代人的保護色，但，它會不會既是一種必須？又是一種多餘？如果我們放寬尺度，雖可以繼續堅定謹慎的不被欺騙、不要上當、不受糾纏……，但是，**多一點舉手之勞的布施，多一點嘴角上揚的友善、多一點叮噹銅板的捐贈，依然是安全範圍內的小善**。

我也有多數人秉持的大嬸精神，習慣說「可以便宜一點嗎？」後來看了一個影片：大家購買東西總愛跟小販計較區區差價，稀釋他們的微薄利潤，卻很捨得以千金小費誇大奢華場合的氣派。

這支影片給我的領悟並不是對錯的比對，而是讓自己多思多想：**如果盡量學習在小處讓心柔軟，他日再添富貴，才會有更得宜的普助眾人企圖**。

特別收錄　隨筆——

叨叨絮絮過日子

每一天都是一堂人生作業，有的時候交白卷，有的時候拿滿分，如果養成隨手記下心得的習慣，總有機會讓他日的自己溫故知新，藉以瞭解那年的你和現在的你，心路已經有多少轉變。

你有自己的小品讀物嗎？

不妨就從今天開始記錄自己吧！

緣分很容易分辨
明明認認真真做好一切安排
卻弄巧成拙
並未上心甚或輕忽的不以為意
卻歪打正著
聚散不一定來自選擇　幸福當然也就無法控制

對他的真話你打死不信
對他的謊話你深信不疑
你很擔心自己詞不達意　他卻握著你的手說：我明白
你相信自己已經說的一清二楚　他卻始終質疑：你在胡說八道什麼
愛的本質中包含莫名其妙

你的慣用語彙對某些人是風趣幽默
你的風趣幽默對某些人是尖酸刻薄
看懂自己的本意　也要看懂別人的屬性

你善良柔軟
遇到衝突願意放下身段化解
他固執多疑
面對示好總是差勁反應：你不懷好心
結果　繼續兩敗俱傷

原以為的莫逆之交
突然變奏讓你滿頭包
原以為的萍水相逢
舉手之勞拉了你一把
順境看交情　逆境看事情

感情的濃淡從來不是時間長短的累積
感情的與日俱增是靠舒適度節節攀升
所以兩人世界突然擁擠時
千萬不要嘶喊：
我和你三十年敵不過他和你三十天嗎？

不要細數你為他做了一二三四
因為有些好
一旦沒有持續就會成為過去
就算品質依然
吃足甜食的人也可能膩了口味另覓辛辣

只有關門關戶獨居獨食
兩人世界才能無塵無菌
只要人事物隨縫而入
生活裡就會有狂風巨浪

為了安心而做是本質
為了心疼而做是善良
為了捨不得而做是慈悲
為了大家都這樣而做是認同與不想多花力氣

熱情和酷情可以相戀
但是水火同源需要各有讓步
火熱融化不了冰原
最後就會被冰山覆蓋
看起來千年不死
卻也永無天日

甲和乙是生死之交
甲和丙是莫逆知己
乙和丙因為甲的穿針引線勾動了天雷地火
甲頓覺吃醋惆悵
但過些日子也就適應了
人間事世間人的關係
本來就是這樣自然發生與自心運作
像足了愛情卻不是愛情
充滿了曖昧卻沒有曖昧

憾事不外乎
無能為力
愛莫能助
趕到已晚
誤會不察
知錯不改
還有
所有的以為認為造成的無所作為

如果我是龍應台
如果我是林青霞
如果我是張曼娟
如果我是林徽音
如果我是楊絳
我說的每一句話都會成為經典
但因為我不是
我就只能專心做筆記學智慧

為了讓對方快樂
每個人都試圖多做一點
但是
做了這點
做了那點
那不快樂的人還是像一座無法開墾的大山
最後
山還是山
卻已人跡天涯

能夠獨處的心總是山明水秀
一旦走入喧嘩
就任由作畫的油彩潑灑而來
閃閃躲躲
迎迎合合
披掛回去的可能是潑墨可能是抽象
晾在窗台
吹風醒醒
任何顛覆都要讓自己回到原來的樣子

怕有誤差
所以一而再再而三
但
事不過三就該心知肚明
已有定見就是已有定見
何必苦苦哀求
難以就範就是難以就範
何必咄咄逼人
不給答案就是完整答案
何必切切追問

有時
說點善意小謊
有時
耍個白痴裝傻
有時
朗誦名作情詩有困難就朗讀一則新聞
有時
要承認自己不足示弱一下
有時
別讓安靜寂靜形成一片死寂
周而復始不厭其煩
兩個人的日子並不容易啊

導航
可能把車帶到懸崖邊
偏航
可能把船駛入金銀島
機運命運有時就是會超越知識與見識
人生不如意沒有一定的道理
綠者恆綠藍者恆藍
信者恆信不信者恆不信

女人總是堅定的嫁給愛情
忘了更新誘餌讓他不貪野食
忘了男人天性不宜天長地久
他要走
你莫守
放生他人就是自由自己

愛情不是藝術品
不能只靠品味與心領神會
還要彼此擅長導讀與翻譯

他想化解時
你的心在沉睡
你通透說願意時
他已寒心而去
點頭搖頭的時機點　左右結局

沒有因為你是好意
別人就得照單全收
有些關係靠多做維繫
有些關係靠少做平衡
得到
有時也是有負擔的

表情
腔調
口氣
手勢
可以把一句感天動地的話說的像痞子廢話
可以把真情至性的含義歪曲出另一場戰事

寧願缺工不要譙工
寧願單身不要怨偶
寧願小康愜意不要居高涉險
寧願平凡自由不要如囚富貴
人生的亮度　有自己喜歡的瓦數

對於拒絕
想清楚了　就別猶豫也不遺憾
對於被拒絕
要相信人性當然　要把意外當意內
打牌不求人　多算幾台
人生不求人　天大地大

心靈成長 098

委屈是一道隔夜菜

作　　者／高愛倫
責任編輯／何靜芬
封面設計／ FE 工作室
封面攝影／陳柏林
內頁版型設計／葉若蒂
內頁排版／中原造像股份有限公司

天下雜誌群創辦人／殷允芃
天下雜誌董事長／吳迎春
出版部總編輯／吳韻儀
出 版 者／天下雜誌股份有限公司
地　　址／台北市 104 南京東路二段 139 號 11 樓
讀者服務／（02）2662-0332　傳真／（02）2662-6048
天下雜誌 GROUP 網址／ www.cw.com.tw
劃撥帳號／ 01895001 天下雜誌股份有限公司
法律顧問／台英國際商務法律事務所・羅明通律師
製版印刷／中原造像股份有限公司
總 經 銷／大和圖書有限公司　電話／（02）8990-2588
出版日期／ 2023 年 3 月 3 日第一版第一次印行
定　　價／ 420 元

書號：BCCG0098P
ISBN：978-986-398-867-0

直營門市書香花園　地址／台北市建國北路二段 6 巷 11 號　電話／（02）2506-1635
天下網路書店　shop.cwbook.com.tw
天下雜誌我讀網　books.cw.com.tw/
天下讀者俱樂部 Facebook　www.facebook.com/cwbookclub

委屈是一道隔夜菜 / 高愛倫著 . -- 第一版 . -- 臺北市 : 天下雜誌股份有限公司 , 2023.03
304 面 ;14.8×21 公分 . -- (心靈成長 ; 98)
ISBN 978-986-398-867-0(平裝)

1.CST: 人生哲學 2.CST: 自我實現

191.9　　112001041

天下雜誌
觀念領先